公民新法早知道系列

阳光普法
关注民生 传播法律

民法典
婚姻家庭编
热点问题
100问

MINFADIAN
HUNYIN JIATINGBIAN
REDIAN WENTI 100 WEN

中国法制出版社
CHINA LEGAL PUBLISHING HOUSE

图书在版编目（CIP）数据

民法典婚姻家庭编热点问题100问／中国法制出版社编．—
北京：中国法制出版社，2020.7
（公民新法早知道系列）
ISBN 978-7-5216-1096-3

Ⅰ.①民…　Ⅱ.①中…　Ⅲ.①婚姻法-中国-问题解答
Ⅳ.①D923.905

中国版本图书馆CIP数据核字（2020）第080236号

策划编辑：戴蕊（dora6322@sina.com）
责任编辑：薛强　　封面设计：周黎明

民法典婚姻家庭编热点问题100问
MINFADIAN HUNYIN JIATINGBIAN REDIAN WENTI 100 WEN

编者/中国法制出版社
经销/新华书店
印刷/煤炭工业出版社印刷厂
开本/880毫米×1230毫米　32开　　印张/7　字数/109千
版次/2020年7月第1版　　2020年12月第2次印刷

中国法制出版社出版
书号ISBN 978-7-5216-1096-3　　定价：28.00元

北京西单横二条2号
邮政编码100031　　传真：010-66031119
网址：http://www.zgfzs.com　　**编辑部电话：010-66054900**
市场营销部电话：010-66033393　　**邮购部电话：010-66033288**

（如有印装质量问题，请与本社印务部联系调换。电话：010-66032926）

前言／Preface

《中华人民共和国民法典》是新中国成立以来第一部以“法典”命名的法律，是新时代我国社会主义法治建设的重大成果。民法典系统整合了新中国70多年来长期实践形成的民事法律规范，汲取了中华民族5000多年优秀法律文化，借鉴了人类法治文明建设有益成果，是一部体现对生命健康、财产安全、交易便利、生活幸福、人格尊严等各方面权利平等保护的民法典。

为加强民法典的宣传教育，讲清楚实施好民法典，让民法典走到群众身边、走进群众心里，我们组织力量编写了这套《公民新法早知道系列》，用问答和漫画相结合的形式阐释了民法典中与民生相关的热点问题与立法亮点，帮助广大读者及时掌握民法典中的一系列新规定新概念新精神。

希望本书的出版能够回应广大人民群众的关切，普及民法典法律知识，使大家认识到民法典既是保护自身权益的法典，也是全体社会成员都必须遵循的规范，形成遇事找法的习惯，培养解决问题靠法的意识和能力。

编者

2020年7月

目录／Contents

上篇　看图说法

下篇　问答解法

上篇
看图说法

1. 夫妻双方到民政部门协议离婚，能当天拿到离婚证吗？

《中华人民共和国民法典》

第一千零七十七条　自婚姻登记机关收到离婚登记申请之日起三十日内，任何一方不愿意离婚的，可以向婚姻登记机关撤回离婚登记申请。

前款规定期限届满后三十日内，双方应当亲自到婚姻登记机关申请发给离婚证；未申请的，视为撤回离婚登记申请。

普法讲堂

离婚冷静期，是指男女双方到婚姻登记机关办理离婚时，自婚姻登记机关收到离婚登记申请之日起三十日内，任何一方不愿意离婚的，可以向婚姻登记机关撤回离婚登记申请。若婚姻登记机关收到离婚登记申请之日起三十日内，任何一方未亲自到婚姻登记机关申请离婚的，则视为撤销离婚登记申请。

在当下社会“离婚太容易”“离婚率连年攀升”的大背景下，离婚冷静期制度的出炉是大势所趋。现实生活中，有不少夫妻离婚属于一时冲动，夫妻感情并没有完全破裂，婚姻还有挽救的可能。设置离婚冷静期，就是为冲动型离婚夫妻提供一个双方都能下的台阶，从而在一定程度上减少冲动型离婚，促进婚姻和谐稳定。

2. 哪些情形下，婚姻是无效的？

《中华人民共和国民法典》

第一千零五十一条　有下列情形之一的，婚姻无效：

（一）重婚；

（二）有禁止结婚的亲属关系；

（三）未到法定婚龄。

普法讲堂

婚姻无效，是指男女双方结婚后因该婚姻欠缺婚姻成立的法定条件而自始不发生法律效力。婚姻无效的情形有三种：一是重婚，是指有配偶的人又与他人登记结婚的违法行为，或者明知他人有配偶而与他人登记结婚的违法行为。二是有禁止结婚的亲属关系，根据医学和科学发展证实，男女近亲结婚很容易产生遗传学疾病，影响下一代的健康成长，因此禁止近亲结婚是古今中外法律的通例。三是未到法定婚龄，是指男女双方未达到法律规定的可以结婚的最低年龄时，不得结婚，这主要是由婚姻关系的自然属性和社会属性决定的。

3. 哪些情形下，可以请求撤销婚姻?

《中华人民共和国民法典》

第一千零五十二条　因胁迫结婚的，受胁迫的一方可以向人民法院请求撤销婚姻。

请求撤销婚姻的，应当自胁迫行为终止之日起一年内提出。

被非法限制人身自由的当事人请求撤销婚姻的，应当自恢复人身自由之日起一年内提出。

第一千零五十三条　一方患有重大疾病的，应当在结婚登记前如实告知另一方；不如实告知的，另一方可以向人民法院请求撤销婚姻。

请求撤销婚姻的，应当自知道或者应当知道撤销事由之日起一年内提出。

普法讲堂

可撤销婚姻，是指当事人因意思表示不真实而成立的婚姻，或者当事人成立的婚姻在结婚的要件上有欠缺，通过有撤销权的当事人行使撤销权，使已经发生法律效力的婚姻关系失去法律效力。可撤销婚姻有两种情形：一是因胁迫而结婚，受胁迫的人可以在胁迫行为终止之日起一年内请求撤销婚姻。二是另一方患有重大疾病且在婚前未如实告知的，不知情的一方可以在知道或应当知道该情况之日起一年内请求撤销婚姻。这两种情况都是婚姻一方当事人在缔结婚姻时意思表示有瑕疵，个人权益受损，得以依法请求撤销婚姻。

4. 婚姻无效或被撤销后有哪些后果？

《中华人民共和国民法典》

第一千零五十四条　无效的或者被撤销的婚姻自始没有法律约束力，当事人不具有夫妻的权利和义务。同居期间所得的财产，由当事人协议处理；协议不成的，由人民法院根据照顾无过错方的原则判决。对重婚导致的无效婚姻的财产处理，不得侵害合法婚姻当事人的财产权益。当事人所生的子女，适用本法关于父母子女的规定。

婚姻无效或者被撤销的，无过错方有权请求损害赔偿。

普法讲堂

婚姻无效或被撤销后，主要有以下五个法律后果：一是婚姻自始不发生法律效力，即当事人结婚之时，婚姻便不具有法律效力，不受法律保护。二是当事人之间不具有夫妻间的权利和义务，如不享有相互继承遗产的权利，不承担相互扶养的义务等。三是同居期间取得的财产优先协议处理，协议不成的，由法院根据照顾无过错方的原则进行分割，即无过错方可以多分财产，但不得损害合法婚姻当事人的财产权益。四是当事人所生子女为非婚生子女，享有与婚生子女同等的权利。五是无过错方有权请求损害赔偿。

5. 抚养、教育子女，夫妻双方是否享有平等的权利和义务？

《中华人民共和国民法典》

第一千零五十八条　夫妻双方平等享有对未成年子女抚养、教育和保护的权利，共同承担对未成年子女抚养、教育和保护的义务。

普法讲堂

夫妻双方对未满十八周岁的未成年子女，享有平等的抚养、教育和保护的权利，也共同承担相应的义务。抚养是指父母抚育未成年子女成长，并为他们的生活、学习提供一定的物质条件。教育是指父母要按照法律和道德要求，采取正确的方法，对未成年子女进行教导，并对其行为进行必要的约束，确保其健康成长。保护是指父母应当保护未成年子女的人身安全和合法权益，预防和排除来自外界的危害，使其身心处于安全状态。

夫妻在婚姻家庭关系中地位平等，平等地履行法律规定的权利，也共同承担着家庭和社会的责任，在未成年子女抚养、教育和保护方面亦应如此。

6. 夫妻的共同财产有哪些？

《中华人民共和国民法典》

第一千零六十二条　夫妻在婚姻关系存续期间所得的下列财产，为夫妻的共同财产，归夫妻共同所有：

（一）工资、奖金、劳务报酬；

（二）生产、经营、投资的收益；

（三）知识产权的收益；

（四）继承或者受赠的财产，但是本法第一千零六十三条第三项规定的除外；

（五）其他应当归共同所有的财产。

夫妻对共同财产，有平等的处理权。

普法讲堂

夫妻共同财产，是指夫妻在婚姻关系存续期间取得的财产。婚姻关系存续期间，自合法婚姻缔结之日起，至夫妻一方死亡或离婚生效之日止。夫妻对共同财产享有平等的所有权，双方享有同等的权利，承担同等的义务。夫妻对共同所有的财产，有平等的处理权。特别是夫妻一方对共同财产的处分，除另有约定外，应当取得对方的同意。具体而言，夫妻共同财产包括:（1）工资、奖金、劳务报酬;（2）生产、经营、投资的收益;（3）知识产权的收益;（4）继承或者受赠的财产，但是遗嘱或者赠与合同中确定只归一方的财产除外;（5）其他应当归夫妻共同所有的财产，如汽车、房产、公司股权等。

7. 哪些财产属于夫妻一方的个人财产？

《中华人民共和国民法典》

第一千零六十三条　下列财产为夫妻一方的个人财产：

（一）一方的婚前财产；

（二）一方因受到人身损害获得的赔偿或者补偿；

（三）遗嘱或者赠与合同中确定只归一方的财产；

（四）一方专用的生活用品；

（五）其他应当归一方的财产。

普法讲堂

夫妻一方个人财产，是指夫妻在实行共同财产所有制的同时，依照法律规定或双方约定，各自保留一定范围的个人所有财产，并对该财产享有独立地管理、使用、收益和处分的权利，其他人不得干涉。夫妻一方个人财产的规定弥补了共同财产制对个人权利和意愿关注不够的缺陷，防止共同财产范围的无限延伸，有利于保护个人财产权利。具体而言，夫妻一方个人财产包括:（1）一方的婚前财产，如婚前购买的房屋、汽车等;（2）一方因受到人身损害获得的赔偿或补偿，如因人身损害获得的医疗费等;（3）遗嘱或者赠与合同中确定只归一方的财产;（4）一方专用的生活用品，如个人的衣物、鞋帽等;（5）其他应当归一方的财产。

8. 哪些债务属于夫妻的共同债务?

《中华人民共和国民法典》

第一千零六十四条　夫妻双方共同签名或者夫妻一方事后追认等共同意思表示所负的债务，以及夫妻一方在婚姻关系存续期间以个人名义为家庭日常生活需要所负的债务，属于夫妻共同债务。

夫妻一方在婚姻关系存续期间以个人名义超出家庭日常生活需要所负的债务，不属于夫妻共同债务；但是，债权人能够证明该债务用于夫妻共同生活、共同生产经营或者基于夫妻双方共同意思表示的除外。

普法讲堂

夫妻共同债务，是指在婚姻关系存续期间，经夫妻双方共同意思表示所负的债务或者夫妻双方或一方为家庭日常生活需要所负的债务。具体而言，夫妻共同债务有三种：一是基于双方共同意思表示所负的债务，如双方共同签名或夫妻一方事后追认所负债务。二是夫妻双方或一方为家庭日常生活需要所负的债务。三是夫妻一方超出家庭日常生活需要所负债务，且能够证明该债务用于夫妻共同生活、共同生产经营或者是基于夫妻双方共同意思表示所负。

9. 夫妻可以约定将婚姻关系存续期间取得的财产归各自所有吗?

《中华人民共和国民法典》

第一千零六十五条　男女双方可以约定婚姻关系存续期间所得的财产以及婚前财产归各自所有、共同所有或者部分各自所有、部分共同所有。约定应当采用书面形式。没有约定或者约定不明确的，适用本法第一千零六十二条、第一千零六十三条的规定。

夫妻对婚姻关系存续期间所得的财产以及婚前财产的约定，对双方具有法律约束力。

夫妻对婚姻关系存续期间所得的财产约定归各自所有，夫或者妻一方对外所负的债务，相对人知道该约定的，以夫或者妻一方的个人财产清偿。

普法讲堂

夫妻约定财产制，是指法律允许夫妻用协议的方式，对夫妻在婚前和婚姻关系存续期间所得财产的所有权归属、管理、使用、收益、处分以及对第三人债务的清偿、婚姻解除时财产的分割等事项作出约定，从而排除或部分排除夫妻法定财产制适用的制度。采取夫妻约定财产制需要注意以下三点：一是该约定必须是夫妻双方具备完全民事行为能力且自愿的情况下作出的内容合法的约定。二是该约定应当采用书面形式。三是该约定不得对抗第三人，但第三人知道该约定的除外。

10. 哪些情形下，夫妻一方可以请求分割共同财产？

《中华人民共和国民法典》

第一千零六十六条　婚姻关系存续期间，有下列情形之一的，夫妻一方可以向人民法院请求分割共同财产：

（一）一方有隐藏、转移、变卖、毁损、挥霍夫妻共同财产或者伪造夫妻共同债务等严重损害夫妻共同财产利益的行为；

（二）一方负有法定扶养义务的人患重大疾病需要医治，另一方不同意支付相关医疗费用。

普法讲堂

一般情形下，夫妻一方请求分割财产须以提起离婚诉讼为前提，婚姻关系存续期间，夫妻一方请求分割共同财产的，原则上法院不予支持。但是，以下两种情形除外。一是夫妻一方有严重损害夫妻共同财产利益的行为。二是夫妻一方负有法定扶养义务的人患重大疾病需要医治，另一方不同意支付相关医疗费用。夫妻双方对共同财产享有平等的所有权和处理权，当夫妻一方有上述两种行为的任意一种时，法律赋予另一方在维持婚姻关系的前提下获得救助的权利。

11. 对亲子关系有异议的，父或母可以请求确认或否认亲子关系吗？

《中华人民共和国民法典》

第一千零七十三条　对亲子关系有异议且有正当理由的，父或者母可以向人民法院提起诉讼，请求确认或者否认亲子关系。

对亲子关系有异议且有正当理由的，成年子女可以向人民法院提起诉讼，请求确认亲子关系。

普法讲堂

夫妻一方对亲子关系有异议且有正当理由的，可以向法院提起亲子关系确认或否认之诉，以明确亲子的血缘关系，保障当事人的正当权益，使应尽义务的人不致逃避责任，以实现法律的公正。需要注意两点：一是亲子关系确认或否认之诉的主体是夫妻一方，成年子女只能提出亲子关系确认之诉；二是当事人提出亲子关系确认或否认之诉时应当有正当理由，即应当承担相应的举证责任。

12. 夫妻双方如何申请协议离婚?

《中华人民共和国民法典》

第一千零七十六条　夫妻双方自愿离婚的，应当签订书面离婚协议，并亲自到婚姻登记机关申请离婚登记。

离婚协议应当载明双方自愿离婚的意思表示和对子女抚养、财产以及债务处理等事项协商一致的意见。

普法讲堂

协议离婚，是指婚姻关系当事人达成离婚合意并通过婚姻登记程序解除婚姻关系的法律制度。其有两个主要特征：一是当事人双方应当签订书面离婚协议，且在离婚、子女和财产问题上意愿一致，并体现在离婚协议中；二是按照婚姻登记程序亲自到婚姻登记机关办理离婚登记，取得离婚证，即解除婚姻关系。

13. 夫妻双方诉讼离婚要符合哪些条件？

《中华人民共和国民法典》

第一千零七十九条第三款至第五款

有下列情形之一，调解无效的，应当准予离婚：

（一）重婚或者与他人同居；

（二）实施家庭暴力或者虐待、遗弃家庭成员；

（三）有赌博、吸毒等恶习屡教不改；

（四）因感情不和分居满二年；

（五）其他导致夫妻感情破裂的情形。

一方被宣告失踪，另一方提起离婚诉讼的，应当准予离婚。

经人民法院判决不准离婚后，双方又分居满一年，一方再次提起离婚诉讼的，应当准予离婚。

普法讲堂

诉讼离婚，是婚姻当事人向人民法院提出离婚请求，由人民法院调解或判决而解除其婚姻关系的一项离婚制度。诉讼离婚的法定必要条件是感情确已破裂，调解无效。诉讼离婚且能获得法院准予离婚的情形主要有三个：（1）有重婚或者与他人同居，实施家庭暴力或者虐待、遗弃家庭成员，有赌博、吸毒等恶习屡教不改，感情不和分居满二年，上述任一情形且调解无效的应准予离婚。（2）一方被宣告失踪，另一方提起离婚诉讼的，应当准予离婚。（3）法院判决不准离婚后分居满一年，一方再次提起离婚诉讼的，应当准予离婚。

14. 父母离婚时，如何确定子女抚养权的归属？

《中华人民共和国民法典》

第一千零八十四条　父母与子女间的关系，不因父母离婚而消除。离婚后，子女无论由父或者母直接抚养，仍是父母双方的子女。

离婚后，父母对于子女仍有抚养、教育、保护的权利和义务。

离婚后，不满两周岁的子女，以由母亲直接抚养为原则。已满两周岁的子女，父母双方对抚养问题协议不成的，由人民法院根据双方的具体情况，按照最有利于未成年子女的原则判决。子女已满八周岁的，应当尊重其真实意愿。

普法讲堂

婚姻关系解除后，夫妻双方基于婚姻而存在的人身关系和财产关系归于消灭，但父母与子女之间存有的血亲关系不因父母离婚而消除，离婚后，父母仍对子女负有抚养、教育、保护的权利和义务。离婚虽然不能消除父母与子女之间的关系，但抚养方式却会因离婚而发生变化。当父母对子女的抚养问题发生争议时，有利于子女身心健康，保障子女的合法权益，是确定子女抚养权归属问题的出发点和基本原则。

15. 离婚时，夫妻共同财产怎么分？

《中华人民共和国民法典》

第一千零八十七条　离婚时，夫妻的共同财产由双方协议处理；协议不成的，由人民法院根据财产的具体情况，按照照顾子女、女方和无过错方权益的原则判决。

对夫或者妻在家庭土地承包经营中享有的权益等，应当依法予以保护。

普法讲堂

法律允许夫妻双方在离婚时就财产问题自行协商处理。对于未达成协议的，则由法院在分清个人财产、夫妻共同财产的前提下，根据具体情况，按照照顾子女、女方和无过错方权益的原则判决。在大多数情况下，夫妻离婚，家庭成员中的未成年子女和女方多是不幸婚姻的受害者，因此离婚财产分割时需要特别强调对子女和女方权益的保障。当然，随着时代的发展，男女双方都有可能成为不幸婚姻的受害者，照顾无过错方的权益也体现了法律的公平公正。

16. 想收养子女，收养人应当符合什么条件？

《中华人民共和国民法典》

第一千零九十八条　收养人应当同时具备下列条件：

（一）无子女或者只有一名子女；

（二）有抚养、教育和保护被收养人的能力；

（三）未患有在医学上认为不应当收养子女的疾病；

（四）无不利于被收养人健康成长的违法犯罪记录；

（五）年满三十周岁。

普法讲堂

收养应当有利于被收养的未成年人的抚养、成长，因此收养人应当具备一定的经济条件、健康条件和抚养、保护、教育子女的能力。具体而言，收养人应当同时具备六个条件：一是无子女或只有一名子女；二是有抚养、教育和保护被收养人的能力，主要包括经济条件、健康条件等；三是未患有在医学上认为不应当收养子女的疾病，主要指影响被收养人成长的精神疾病或其他严重疾病；四是无不利于被收养人健康成长的违法犯罪记录，以保障被收养人的健康成长；五是年满三十周岁，无配偶者收养异性子女的，收养人与被收养人的年龄应当相差四十周岁以上；六是有配偶者收养子女，应当夫妻共同收养。

下篇
问答解法

第一章　一般规定

1. 民法典婚姻家庭编调整哪些民事关系？

《民法典》第 1040 条规定，婚姻家庭编调整因婚姻家庭产生的民事关系。

该编主要规定婚姻、亲属间身份关系的产生、变更和消灭，以及基于这种关系而产生的民事权利和义务。例如，因婚姻而产生的夫妻间相互扶养、父母子女关系等人身权关系，以及夫妻共同财产、财产继承等财产权关系。婚姻家庭编涉及家家户户，关系到每一位老百姓的切身利益。

2. 民法典对我国的婚姻制度和原则有哪些具体规定？

《民法典》第 1041 条规定，婚姻家庭受国家保护。我国实行婚姻自由、一夫一妻、男女平等的婚姻制度。保护妇女、未成年人和老年人的合法权益。

3. 如何理解婚姻家庭受国家保护原则?

婚姻家庭受国家保护，首先是一项宪法原则。我国《宪法》第 49 条规定，“婚姻、家庭、母亲和儿童受国家的保护”。民法要落实这一宪法原则。我国 1986 年的《民法通则》第 104 条第 1 款规定:“婚姻、家庭、老人、母亲和儿童受法律保护。”2017 年的《民法总则》第 112 条规定:“自然人因婚姻、家庭关系等产生的人身权利受法律保护。”这些规定都是宪法原则的具体化表述。我国的婚姻法是婚姻家庭的专门立法，更是宪法原则的具体化。《婚姻法》第 2 条第 2 款规定:“保护妇女、儿童和老人的合法权益。”民法典在婚姻家庭编的“一般规定”一章增加婚姻家庭受国家保护的内容，体现了国家对婚姻家庭的重视和保护。因此，依据宪法的规定，《民法典》第 1041 条规定，婚姻家庭受国家保护。

4. 如何理解婚姻自由原则?

婚姻自由，是指男女双方享有自主决定自己婚姻的权利。婚姻当事人按照法律的规定，有权基于本人的意志，自主自愿地决定自己的婚姻问题，不受他人的干涉和强制。

婚姻自由包括结婚自由和离婚自由。结婚自由，是指结婚须男女双方本人完全自愿，不许任何一方对他方加以强迫，或者第三人加以干涉。保障结婚自由，是为使男女双方能够依照法律规定，基于自己的意愿结成共同生活的伴侣，建立幸福美满的家庭。

离婚自由，是指婚姻当事人有权自主地处理离婚问题。保障离婚自由，是为使无法维持的婚姻关系得以解除，当事人免除婚姻名存实亡的痛苦。结婚自由和离婚自由是统一的，二者相互结合，缺一不可。

5. 如何理解一夫一妻原则？

一夫一妻，是指一男一女结为夫妻的婚姻制度。也就是说，一个男人只能娶一个妻子，一个女人只能嫁一个丈夫，不能同时与两个或两个以上的人缔结婚姻。一夫一妻制是社会主义婚姻制度的基本原则，是在婚姻关系上实现男女平等的必要条件，也是男女真心相爱、建立美满婚姻的要求。

6. 如何理解男女平等原则？

男女平等，是指女性在政治、经济、文化、社会和家庭生活的各个方面，有同男性平等的权利和义务。男女平等是婚姻家庭的一项基本原则，根据这个原则，男女两性在婚姻关系和家庭生活的各个方面，均享有平等的权利，承担平等的义务。例如，夫妻双方在家庭中的地位是平等的，其他男女家庭成员之间的权利义务也是平等的。

7. 如何理解特别保护妇女、未成年人、老年人和残疾人的权益原则？

特别保护妇女、未成年人、老年人和残疾人的权益，是婚姻家庭的一项重要原则。首先，特别保护妇女的权益和实行男女平等并不矛盾。受重男轻女习俗和男女生理条件等因素影响，女性在家庭和社会关系中往往处于弱势地位，因此，法律不仅要规定男女平等，还要根据生活的实际情况，对妇女的权益给予特殊的保护。其次，未成年人心智尚未健全，他们的健康成长需要和谐、稳定的社会、家庭环境，因此，法律规定，父母对子女的抚养义务不因离婚而解除，禁止虐待未成年人等。再次，特别保护老年人的权益是家庭的重要任务，也是我国的传统美德。父母为了子女的健康成长，长期付出辛勤的劳动，尽了自己的职责。当他们年老多病，丧失劳动能力或生活发生困难的时候，子女就要承担起赡养的义务。最后，残疾人作为平等的民事主体，其民事权利受到法律的平等保护。同时，鉴于残疾人在工作、生活中可能存在的特殊困难情况，法律也注重对残疾人民事权利的特殊保护。例如，在民法典婚姻家庭编和继承编中，明确家庭成员对不能独立生活者或者缺乏劳动能力者的抚养、扶养、赡养责任，对缺乏劳动能力者在分配遗产时的照顾和必留份制度，残疾人都将成为重要受益者；放宽收养残疾未成年人的条件限制，将使更多残疾未成年人可以享受家庭的温暖。保护残疾人婚姻家庭权益，能够促进家庭和谐安定，也体现了公平和正义。家庭是人的主要生活场所，是人生的避风港，更是残疾人的主要生活场所和避风港。家庭对残疾人的关爱、关照和保护是一切社会福利政策不能取代的。

8. 民法典婚姻家庭编明确禁止的行为有哪些？

《民法典》第 1042 条规定，禁止包办、买卖婚姻和其他干涉婚姻自由的行为。禁止借婚姻索取财物。禁止重婚。禁止有配偶者与他人同居。禁止家庭暴力。禁止家庭成员间的虐待和遗弃。

9. 如何理解包办、买卖婚姻和借婚姻索取财物的行为？

坚持婚姻自由原则，就要反对包办婚姻、买卖婚姻和借婚姻索取财物的行为。包办婚姻，是指第三人违反婚姻自由原则，包办强迫他人婚姻的违法行为。买卖婚姻，是指第三人以索取大量财物为目的，强迫他人婚姻的违法行为。买卖婚姻往往表现为第三人向男方要嫁女的身价以及贩卖妇女与人为妻。借婚姻索取财物，是指除买卖婚姻外的其他以索取对方财物为结婚条件的违法行为。

包办婚姻和买卖婚姻都是违反婚姻自由原则、强迫他人婚姻的行为，必须坚决禁止。借婚姻索取财物的行为往往给当事人的婚姻和婚后生活带来困难，也腐蚀了人们的思想，败坏了社会风气，故亦为法律所禁止。

10. 什么是重婚？

重婚，是指有配偶的人又与他人结婚的违法行为，实行一夫一妻制就必须反对重婚。重婚主要有两种表现形式：一是法律上的重婚，即有配偶的人，未办理离婚手续又与他人登记结婚；明知他人有配偶而与之登记结婚，也是重婚。二是事实上的重婚，即虽未登记结婚，但事实上与他人以夫妻名义而公开同居生活。对于重婚的，不仅要解除其重婚关系，还应追究犯罪者的刑事责任。

11. 如何理解有配偶者与他人同居的行为？

有配偶者与他人同居，是指有配偶者与第三人未以夫妻名义共同生活，如姘居关系。有配偶者与他人同居已严重破坏一夫一妻的婚姻制度，严重违背社会道德风尚，败坏社会风气，导致家庭破裂，甚至发生情杀、仇杀、自杀等恶劣事件，严重影响社会安定，理应禁止。

12. 什么是家庭暴力、虐待和遗弃家庭成员？

家庭暴力，是指家庭成员之间以殴打、捆绑、残害、限制人身自由以及经常性谩骂、恐吓等方式实施的身体、精神等侵害行为。反对家庭暴力是国家、社会和每个家庭的共同责任。家庭成员间的虐待，是指用打骂、冻饿、有病不给治疗等方法摧残、折磨家庭成员，使他们在肉体上、精神上遭受痛苦的行为。虐待家庭成员，情节恶劣的，即构成虐待罪，要受刑法所制裁。家庭成员间的遗弃，是指对于年老、年幼、患病或其他没有独立生活能力的人，负有赡养、抚养或扶养义务的人不履行其义务的行为。遗弃家庭成员情节恶劣的，即构成遗弃罪，受到刑法制裁。建立和维护平等、和睦、文明的婚姻家庭关系，就必须禁止家庭成员间的虐待和遗弃，禁止一切形式的家庭暴力。

13. 民法典对夫妻关系和家庭关系规定了哪些基本原则？

《民法典》第 1043 条规定，家庭应当树立优良家风，弘扬家庭美德，重视家庭文明建设。夫妻应当互相忠实，互相尊重，互相关爱；家庭成员应当敬老爱幼，互相帮助，维护平等、和睦、文明的婚姻家庭关系。

将“树立优良家风”的规定纳入民法典，体现了婚姻家庭中道德伦理规则的重要作用，有利于鼓励和促进人们对于家风的培养，有利于社会整体风气的提升，能够更好地弘扬家庭美德，体现社会主义核心价值观。

14. 民法典婚姻家庭编对收养作了哪些原则性规定？

《民法典》第 1044 条规定，收养应当遵循最有利于被收养人的原则，保障被收养人和收养人的合法权益。禁止借收养名义买卖未成年人。

收养，是指一方当事人领养他人的子女为自己子女的行为，通过收养行为，收养人和被收养人之间形成了拟制的血亲关系。自收养关系成立之日起，养父母与养子女之间适用法律关于父母子女关系的规定，被收养人的健康成长仰仗于收养家庭及养父母的抚养能力，因此，收养应当遵循最有利于被收养人的原则，保障被收养人和收养人的合法权益。禁止借收养名义买卖未成年人，亦是对未成年人进行保障的重要举措，打击以收养名义买卖未成年人的违法行为。

15. 民法典婚姻家庭编对亲属的范围作了哪些规定?

《民法典》第 1045 条规定，亲属包括配偶、血亲和姻亲。配偶、父母、子女、兄弟姐妹、祖父母、外祖父母、孙子女、外孙子女为近亲属。配偶、父母、子女和其他共同生活的近亲属为家庭成员。

（1）亲属包括配偶、血亲和姻亲。配偶，是指合法婚姻关系中的夫或妻一方。血亲，是指出于同一祖先，有血缘关系的亲属，即自然血亲；也包括法律拟制的血亲，即虽无血缘联系，但法律确认其与自然血亲有同等的权利义务的亲属，如养父母与养子女，继父母与受其抚养教育的继子女。姻亲，是指因婚姻关系而产生的亲属，即由于结婚使男女一方与对方亲属所形成的亲属关系。

（2）近亲属与家庭成员。近亲属，是指配偶、父母、子女、兄弟姐妹、祖父母、外祖父母、孙子女、外孙子女。家庭成员，是指配偶、父母、子女和其他共同生活的近亲属。近亲属与家庭成员的界定，对收养、监护、继承、诉讼等法律制度都会产生重要影响。

第二章　结　婚

16. 法律对结婚年龄是如何规定的?

《民法典》第 1047 条规定，结婚年龄，男不得早于二十二周岁，女不得早于二十周岁。

婚姻会造成男女双方身份关系、财产关系的产生、变更、消灭等，亦会影响由这些关系而产生的一系列权利和义务。因此，尽管法律赋予每个公民结婚的权利能力，但并非所有公民都可以成为婚姻法律关系的主体，只有达到法律规定的结婚年龄的人，具备了适合的生理条件和心理条件，才享有结婚的权利，能够履行夫妻义务，承担起家庭和社会的责任。

需要注意的是，法律关于婚龄的规定，不是必婚年龄，也不是最佳婚龄，而是结婚的最低年龄，是划分违法婚姻与合法婚姻的年龄界限，只有达到了法定婚龄才能结婚，否则就是违法。

17. 禁止结婚的情形有哪些?

《民法典》第 1048 条规定，直系血亲或者三代以内的旁系血亲禁止结婚。

禁止血亲结婚是优生的要求。近代医学、遗传学告诉我们，血缘过近的亲属间通婚，容易把双方生理上的缺陷遗传给后代，导致后代死亡率高，易出现痴呆、畸形、遗传病等，影响家庭幸福。因此，各国法律都禁止一定范围内的血亲结婚。我国法律禁止结婚的血亲分为两类：一是直系血亲。包括父母子女间，祖父母、外祖父母与孙子女、外孙子女间。二是三代以内旁系血亲。包括：（1）同源于父母的兄弟姐妹（含同父异母、同母异父的兄弟姐妹）。（2）不同辈的叔、伯、姑、舅、姨与侄（女）、甥（女）。

18. 结婚要满足哪些法定程序？

《民法典》第 1049 条规定，要求结婚的男女双方应当亲自到婚姻登记机关申请结婚登记。符合规定的，予以登记，发给结婚证。完成结婚登记，即确立婚姻关系。未办理结婚登记的，应当补办登记。

（1）结婚登记。结婚登记是结婚的必经程序，它是国家对婚姻关系的建立进行管理和监督的制度，可以保障婚姻自由、一夫一妻原则的贯彻实施。结婚登记要求男女双方亲自到婚姻登记机关按照要求提供相应的材料申请结婚登记。完成结婚登记，则产生确立婚姻关系的法律后果。

（2）事实婚姻。事实婚姻，是指男女双方未进行结婚登记，便以夫妻关系同居生活，群众也认为是夫妻关系的两性结合。由于受传统习俗、物质条件、地理条件等因素影响，事实婚姻在我国长期大量存在。最高人民法院颁布的《关于人民法院审理未办结婚登记而以夫妻名义同居生活案件的若干意见》规定，1986 年 3 月 15 日《婚姻登记办法》施行前，未办结婚登记手续即以夫妻名义同居生活，群众也认为是夫妻关系的，如起诉时双方均符合结婚的法定条件，可认定为事实婚姻关系；如起诉时一方或者双方不符合结婚的法定条件，应认定为非法同居关系。1986 年 3 月 15 日《婚姻登记办法》施行之后，未办结婚登记手续即以夫妻名义同居生活，群众也认为是夫妻关系的，一方向人民法院起诉“离婚”，如同居时双方均符合结婚的法定条件，可认定为事实婚姻关系；如同居时一方或双方不符合结婚的法定条件，应认定为非法同居关系。自民政部新的婚姻登记管理条例施行之日起，未办结婚登记即以夫妻名义同居生活，按非法同居关系对待。由此可知，结婚登记是结婚的法定程序要件，是建立合法婚姻关系的前提。当然，为了最大程度保障妇女的权益，法律规定，未办理结婚登记的男女，应当补办登记，以使自己的婚姻合法化。

19. 结婚后，男方可以到女方家中落户生活吗？

《民法典》第 1050 条规定，登记结婚后，按照男女双方约定，女方可以成为男方家庭的成员，男方可以成为女方家庭的成员。

男女双方登记结婚后，就开始了共同生活，可以组建自己的家庭。当然，根据男女双方的实际情况，可以约定一方到另一方家庭中去，成为其家庭成员。女方可以到男方家庭中生活，男方自然也可以到女方家庭中落户生活。然而，在旧社会婚姻制度下，一般是男娶女嫁，女方到男方家庭中生活更为常见，男方到女方家庭中生活则被称为入赘，备受歧视。该条规定体现了男女平等的婚姻家庭原则，也体现了改革旧婚姻习俗的立法精神。

20. 重婚的婚姻效力如何?

《民法典》第 1051 条规定，重婚的婚姻无效。

重婚，是指有配偶的人又与他人结婚的违法行为。重婚主要有两种表现形式：一是法律上的重婚，即有配偶的人，未办理离婚手续又与他人登记结婚；明知他人有配偶而与之登记结婚，也是重婚。二是事实上的重婚，即虽未登记结婚，但事实上与他人以夫妻名义而公开同居生活。重婚违反了一夫一妻的婚姻家庭制度，严重违背了社会公德和善良风俗，影响家庭稳定和社会安定，因此应当认定为无效。

21. 有禁止结婚的亲属关系而结婚的，婚姻的效力如何?

《民法典》第 1051 条规定，男女之间有禁止结婚的亲属关系而结婚的，婚姻无效。

《民法典》第 1048 条规定，直系血亲或者三代以内的旁系血亲禁止结婚。禁止近亲结婚，是人类繁衍至今生活经验的结晶，也是人类婚姻制度的总结。基于近代医学、遗传学的科学理论认定，近亲结婚很容易产生遗传性疾病，不利于下一代的健康成长，也不利于家庭和谐、社会稳定和民族的兴旺繁衍。因此，禁止近亲结婚是古今中外法律的通例。

22. 未到法定婚龄而结婚的，婚姻有效吗？

《民法典》第 1051 条规定，未到法定婚龄而结婚的，婚姻无效。

《民法典》第 1047 条对法定婚龄作出了具体规定，男不得早于二十二周岁，女不得早于二十周岁。婚姻会造成身份关系和财产关系的产生、变更和消灭，这就要求男女双方在结婚时都应具备合适的身体和心理条件，以便更好地承担家庭和社会责任。需要注意的是，在认定婚姻效力时，如果男女双方年龄都已达到法定婚龄，则认定婚姻无效的条件就已消除，从保障和维护婚姻家庭稳定和婚姻当事人合法权益的角度考量，不能再确认其婚姻为无效婚姻。

23. 因胁迫结婚的，可以请求撤销婚姻吗？

《民法典》第 1052 条规定，因胁迫结婚的，受胁迫的一方可以向人民法院请求撤销婚姻。请求撤销婚姻的，应当自胁迫行为终止之日起一年内提出。被非法限制人身自由的当事人请求撤销婚姻的，应当自恢复人身自由之日起一年内提出。

因胁迫而结婚，主要是指婚姻关系的一方当事人，受到另一方当事人或者婚姻关系以外的第三人的威胁或强迫，而违背个人意愿与另一方当事人缔结婚姻关系。胁迫婚姻违反了婚姻自由的基本原则，违背了受胁迫方自由缔结婚姻的个人意愿，因此，法律赋予受胁迫一方当事人在一定时间内可以请求撤销婚姻的权利。需要注意，受胁迫方请求撤销婚姻的，应当自胁迫行为终止之日起一年内提出。被非法限制人身自由的当事人请求撤销婚姻的，应当自恢复人身自由之日起一年内提出。法律之所以对撤销权的行使时间作出规定，是因为若受胁迫方长时间不行使撤销权，会使该段婚姻长期处于不稳定状态，不利于婚姻关系双方当事人的权益保护，尤其是当事人子女权益的保护，也不利于家庭和谐和社会稳定。因此，法律对撤销婚姻的请求权作出了时间限制。

24. 一方婚前患有重大疾病且未告知的，另一方可以请求撤销婚姻吗?

《民法典》第1053条规定，一方患有重大疾病的，应当在结婚登记前如实告知另一方；不如实告知的，另一方可以向人民法院请求撤销婚姻。请求撤销婚姻的，应当自知道或者应当知道撤销事由之日起一年内提出。

一方婚前患有重大疾病且未告知，实际是侵犯了婚姻关系另一方当事人的知情权，使得其在缔结婚姻关系时意思表示有瑕疵。

因此，法律赋予不知情的一方当事人自知道或者应当知道撤销事由之日起向法院请求撤销婚姻的权利。

25. 婚姻无效或被撤销后，当事人之间是否还具备夫妻间的权利和义务?

《民法典》第1054条规定，无效的或者被撤销的婚姻自始没有法律约束力，当事人不具有夫妻的权利和义务。

婚姻无效或被撤销后，自始不具备法律约束力，即从当事人结婚之时，婚姻就没有法律效力，而不是自婚姻登记机关或者法院宣告时才没有法律效力。当事人之间也不再具备夫妻间的权利和义务，如不享有相互继承遗产的权利，不承担相互扶养的义务等。法律关于夫妻间权利义务的规定以婚姻合法、有效为前提，当婚姻无效或被撤销后，夫妻间权利义务的规定则对双方当事人都不再适用。

26. 婚姻无效或被撤销后，财产如何处理?

《民法典》第1054条规定，婚姻无效或被撤销后，同居期间所得的财产，由当事人协议处理；协议不成的，由人民法院根据照顾无过错方的原则判决。对重婚导致的无效婚姻的财产处理，不得侵害合法婚姻当事人的财产权益。

婚姻无效或被撤销后，同居期间取得的财产，由当事人协议处理。婚姻无效或被撤销当事人对同居期间取得的财产归属有约定的，则按照其约定进行财产分割；若当事人对同居期间取得的财产归属没有约定，且无法达成协议的，则由法院根据照顾无过错方的原则对财产进行分割，即对无过错一方当事人可以多分财产。需要注意的是，对因重婚导致的无效婚姻的财产进行分割时，即便照顾无过错方当事人对其多分财产，也不得侵犯过错方当事人之前合法婚姻另一方当事人的财产权益。

27. 婚姻无效或被撤销后，父母子女间的关系是否消除?

《民法典》第 1054 条规定，婚姻无效或被撤销后，当事人所生的子女，适用本法关于父母子女的规定。

婚姻无效或被撤销后，该婚姻自始没有法律效力，当事人之间也自始不具备夫妻间的权利义务关系，但是当事人在同居期间所生子女的权利义务关系，不因婚姻无效或被撤销而消除，适用婚生子女父母子女间权利义务关系的规定。当事人同居期间所生子女为非婚生子女，根据《民法典》第 1071 条规定，非婚生子女享有与婚生子女同等的权利，父母对子女有抚养、教育和保护的义务，成年子女对父母亦有赡养扶助的义务。

28. 婚姻无效或被撤销后，无过错方有权请求损害赔偿吗?

《民法典》第 1054 条规定，婚姻无效或者被撤销的，无过错方有权请求损害赔偿。

婚姻无效或被撤销后，自始没有法律效力，男女双方也不具备夫妻间的权利义务关系，无过错方会遭受到身体或精神损害，因此，法律赋予其主张损害赔偿的权利，以填补损失，保护无过错方的权益。

第三章　家庭关系

第一节　夫妻关系

29. 如何理解夫妻在家庭中的地位平等？

《民法典》第 1055 条规定，夫妻在婚姻家庭中地位平等。

夫妻，是指男女双方以共同生活为目的，通过合法婚姻结合的伴侣。婚后，夫妻共同组建了家庭，在家庭中的地位平等主要是指夫妻在家庭中平等地行使法律赋予的权利，平等地履行法律规定的义务，共同承担家庭和社会责任。法律规定夫妻在家庭中地位平等，主要意义在于强调夫妻在人格上的平等独立和权利义务上的平等，夫妻都是家庭中的主体。当然，平等不等于平均，夫妻在家庭中权利义务平等也不等同于权利义务的一一对等，或者平均承担家庭劳务，而是在处理家庭事务和生活时，夫妻双方应该共同协商，和谐相处。

30. 如何理解夫妻双方都有各自使用自己姓名的权利？

《民法典》第 1056 条规定，夫妻双方都有各自使用自己姓名的权利。

姓名是一个人区别于其他人的特定符号，也是自然人特定化的社会标志。《民法典》第 1012 条规定，每个人都享有姓名权，有权依法决定、使用、变更或者许可他人使用自己的姓名。具体到夫妻之间，在古代，无论是中国还是西方，都有妇女从夫姓的旧俗，这是夫权婚姻的产物。但是，随着时代的发展和进步，男女平等的观念已经深入人心。夫妻双方都有各自使用自己姓名的权利亦是男女平等和夫妻在家庭中地位平等精神的体现。

31. 法律对夫妻人身自由权有哪些规定?

《民法典》第 1057 条规定，夫妻双方都有参加生产、工作、学习和社会活动的自由，一方不得对另一方加以限制或者干涉。

夫妻人身自由权，是指夫妻双方都有参加生产、工作、学习和社会活动的权利，一方不得对另一方限制或干涉。这一规定的主要意义在于保障妇女在婚后参加生产、工作、学习和社会活动的权利不受干涉。夫妻双方都可以参加生产、工作等一切社会劳动，并获得相应的劳动报酬；也可以参加学习，不仅包括在校学习，也包括各种职业培训和技能学习；还可以参加社会活动，所谓社会活动，是指参政、议政活动，科学、技术、文学、艺术和其他文化活动，各种群众组织、社会团体的活动，以及各种形式的公益活动等。需要注意的是，夫妻在行使参加生产、工作、学习和社会自由的权利时，也要承担起扶养老人、抚育子女等家庭责任，维护家庭和谐稳定。

32. 夫妻间有相互扶养的义务吗?

《民法典》第1059条规定，夫妻有相互扶养的义务。需要扶养的一方，在另一方不履行扶养义务时，有要求其给付扶养费的权利。

夫妻相互扶养，是指夫妻一方对另一方负有提供生活供养责任的法律关系。夫妻相互扶养既是权利也是义务，即夫妻一方对另一方有扶养的义务，也有受领扶助供养的权利。需要注意的是，夫妻相互扶养是法定义务，不论夫妻一方就财产问题作出如何约定，都不能免除该义务。也就是说，即便夫妻一方约定婚后财产归各自所有，也不意味着夫或妻只承担自己的生活费用而不承担扶养对方的义务。若夫或妻一方需要扶养，而另一方不履行扶养义务时，有要求其给付抚养费的权利。

33. 夫妻一方因家庭生活需要所负的债务，对另一方有没有效力?

《民法典》第1060条规定，夫妻一方因家庭日常生活需要而实施的民事法律行为，对夫妻双方发生效力，但是夫妻一方与相对人另有约定的除外。夫妻之间对一方可以实施的民事法律行为范围的限制，不得对抗善意相对人。

夫妻双方相互具有因家庭日常生活需要实施民事法律行为的代理权，因此，夫妻一方因家庭生活需要所负的债务，对另一方是具有法律效力的。夫妻双方相互享有的代理权即家事代理权，在家庭日常生活方面，夫妻互为代理人，互有代理权。当然，夫妻关系存续期间，可以协议约定两人的财产归各自所有，债务各自承担，但是该约定仅对夫妻双方和知情的第三人有效力，对善意相对人没有效力。

34. 夫妻有相互继承遗产的权利吗？

《民法典》第 1061 条规定，夫妻有相互继承遗产的权利。

夫妻间相互继承遗产，是夫妻双方在婚姻关系、家庭中地位平等的重要体现，即丈夫有继承妻子遗产的权利，妻子同样有继承丈夫遗产的权利。

夫妻间的继承权以合法、有效的婚姻关系为前提，如男女双方为婚外姘居，或者婚姻被认定为无效或被撤销的，则男女双方不存在合法、有效的婚姻关系，或者二人间的婚姻关系自始不发生法律效力，那么男女双方之间不享有相互继承遗产的权利。夫或妻一方死亡时，继承开始。被继承人的财产一般是被继承人的个人财产和夫妻共同财产的一半，当然，如果夫妻之前约定婚姻关系存续期间所得的财产归各自所有，则确定被继承人的遗产时就不含夫妻共同财产。

35. 什么是夫妻共同财产？

《民法典》第 1062 条规定，夫妻在婚姻关系存续期间所得的下列财产，为夫妻的共同财产，归夫妻共同所有:（1）工资、奖金、劳务报酬;（2）生产、经营、投资的收益;（3）知识产权的收益;（4）继承或者受赠的财产，但是本法第 1063 条第 3 项规定的除外;（5）其他应当归共同所有的财产。

夫妻共同财产，是指婚姻关系存续期间取得的归属于夫妻共同所有的财产，如婚姻关系存续期间双方取得的工资、奖金、生产收益等。具体而言，夫妻共同财产主要包括以下几个方面。

（1）工资、奖金、劳务报酬。工资、奖金，是指个人因任职或受雇而取得的薪酬，不仅包括基本工资、奖金，各种形式的补贴、福利、股权期权等也属于工资性收入。劳务报酬，是指个人独立从事劳务所得，一般个人与被服务单位没有稳定、连续的劳动人事关系。

（2）生产、经营、投资的收益，既包括劳动所得，也包括资本性投入。例如，工业、服务业等行业的生产、经营收益，股票、债权投资取得的收益等。

（3）知识产权的收益。知识产权具备人身权和财产权的双重属性，具备人身属性的权利如署名权、发表权等归权利人个人所有，但是知识产权取得的经济收益，如发表作品的稿酬、专利费等则属于夫妻共同财产。

（4）继承或者受赠的财产，但遗嘱或赠与合同中确定只归夫或妻一方的财产除外。

（5）其他应当归夫妻共同所有的财产。随着经济的发展和人们生活水平的提高，夫妻共同财产的范围不断扩大，形式不断增多，如房产、汽车、公司股权等，上述四项只是列举了现已较为明确的共同财产的范围，但难以列举齐全，因此，作了这项概括性规定。

36. 夫妻对共同财产享有平等的处理权吗？

《民法典》第 1062 条规定，夫妻对共同财产，有平等的处理权。

夫妻共同财产的性质是共同共有，这也就意味着夫妻对全部共同财产，应当不分份额地享有同等的权利，承担同等的义务。不论夫妻双方的经济收入有多少，对共同财产都享有平等的占有、使用、收益和处分的权利。夫妻一方对共同财产使用、处分时，除非另有约定，应当取得另一方的同意，尤其是处分大额财产时，更应当共同商讨决定，以维护家庭的和谐稳定。

37. 夫妻共同财产的特征有哪些？

（1）夫妻共同财产的主体，是具有合法、有效婚姻关系的夫妻，未婚同居、婚姻无效或被撤销的男女双方，不能成为夫妻共同财产的主体。

（2）夫妻共同财产是在婚姻关系存续期间取得的财产。婚姻关系存续期间，自合法婚姻缔结之日起至一方死亡或婚姻关系解除之日止。

（3）夫妻共同财产的来源，为夫妻双方或一方所得的财产。

（4）夫妻双方对共同财产享有平等的所有权和处理权。

（5）离婚分割夫妻共同财产时，原则上应均等分割。诉讼离婚时，共同财产分割优先由双方协议处理，协议不成的，由法院根据财产的具体情况，以照顾子女和女方的原则进行判决。

（6）夫妻一方死亡分割遗产时，应先将夫妻共同财产的一半归另一方所有，剩余财产再进行继承。

38. 什么是夫妻个人财产？

《民法典》第1063条规定，下列财产为夫妻一方的个人财产：（1）一方的婚前财产；（2）一方因受到人身损害获得的赔偿或者补偿；（3）遗嘱或者赠与合同中确定只归一方的财产；（4）一方专用的生活用品；（5）其他应当归一方的财产。

夫妻个人财产，是指夫妻在实行共同财产制的同时，根据法律规定或双方约定，各自保留一定范围的个人所有财产。夫妻个人财产独立于夫妻共同财产之外，夫妻双方对各自的个人财产享有独立的占有、使用、收益和处分的权利，他人不得干涉。具体而言，夫妻个人财产包括以下几个方面。

（1）一方的婚前财产，是指夫妻在结婚之前各自所有的财产，如婚前的工资、奖金、投资收益等。

（2）一方因受到人身损害获得的赔偿或者补偿，该赔偿或补偿对个人权利具有重要意义，因此应当专属于个人所有。

（3）遗嘱或者赠与合同中确定只归一方的财产。《民法典》第1062条规定，继承或受赠的财产原则上属于夫妻共同财产，但是为了尊重遗嘱人或赠与人的个人意愿，保护公民对其财产的自由处分权，遗嘱人或赠与人在遗嘱或赠与合同中明确约定财产只归一方所有，那么该财产属于夫妻一方个人财产。

（4）一方专用的生活用品。一方专用的生活用品具有专属于个人使用的特点，如个人的衣物、鞋帽等，应当属于夫妻个人财产。

（5）其他应当归一方的财产。该项属于概括性规定，随着社会经济的发展和个人独立意识的增强，夫妻个人特有财产的范围也将有所增加。

39. 夫妻一方的借款属于夫妻共同债务吗？

《民法典》第1064条规定，夫妻双方共同签名或者夫妻一方事后追认等共同意思表示所负的债务，以及夫妻一方在婚姻关系存续期间以个人名义为家庭日常生活需要所负的债务，属于夫妻共同债务。夫妻一方在婚姻关系存续期间以个人名义超出家庭日常生活需要所负的债务，不属于夫妻共同债务；但是，债权人能够证明该债务用于夫妻共同生活、共同生产经营或者基于夫妻双方共同意思表示的除外。

由此可知，夫妻共同债务在认定时主要有三个标准，夫妻一方借款只要符合下述任一标准即可确定为夫妻共同债务。一是共债共签，即夫妻双方共同签名确认的债务为夫妻共同债务。二是一方负债，另一方事后追认，经追认后该债务属于夫妻共同债务。三是一方以个人名义负债且用于家庭日常生活需要，则该债务为夫妻共同债务。家庭日常生活需要，一般是指用于家庭日常吃穿住行或子女抚养、教育等方面的需要，可根据夫妻共同生活的状态和当地一般社会生活习惯等综合认定。需要注意的是，夫妻一方以个人名义超出家庭日常需要所负的债务，不属于夫妻共同债务，但债权人能够举证证明该债务用于夫妻共同生活、生产经营或者基于夫妻双方共同意思表示的除外。

40. 夫妻可以协议约定婚后财产归各自所有吗？

《民法典》第 1065 条规定，男女双方可以约定婚姻关系存续期间所得的财产以及婚前财产归各自所有、共同所有或者部分各自所有、部分共同所有。

约定财产制，是指夫妻可以通过协议对婚前或婚姻关系存续期间所得财产的所有权归属，以及对第三人债务的清偿、婚姻关系解除时财产的分割等事项作出约定的制度。在财产约定范围方面，夫妻可以对婚前和婚姻关系存续期间所得财产约定归各自所有、共同所有或者部分各自所有、部分共同所有。

41. 夫妻约定婚后财产归各自所有的条件和方式有哪些？

《民法典》第 1065 条规定，夫妻对婚姻关系存续期间的财产约定应当采用书面形式。

夫妻对婚后财产进行约定是基于配偶这一特殊身份关系所从事的民事法律行为，因此不仅需要符合民事法律行为的一般规定，还需要满足法律的相关规定。夫妻对婚后财产关系的约定需要符合下列要件：（1）缔约双方必须具有合法的夫妻身份，未婚同居、婚姻无效或被撤销的，对财产关系的约定不属于夫妻财产约定。（2）缔约双方必须具有完全民事行为能力。（3）约定必须双方自愿，出于真实的意思表示。（4）约定的内容必须合法，不得利用约定规避法律以损害国家、集体或他人的利益，不得违背公序良俗。（5）约定形式方面，夫妻对婚后的财产约定应当采用书面形式。

42. 如何认定夫妻约定财产制的效力？

《民法典》第1065条规定，夫妻对婚姻关系存续期间所得的财产以及婚前财产的约定，对双方具有法律约束力。夫妻对婚姻关系存续期间所得的财产约定归各自所有，夫或者妻一方对外所负的债务，相对人知道该约定的，以夫或者妻一方的个人财产清偿。

夫妻约定财产制的效力分为对内效力和对外效力，对内效力是指该约定对夫妻双方的效力，对外效力是指该约定对夫妻以外的第三人的效力。（1）对内效力。夫妻对婚前和婚姻关系存续期间所得财产进行的约定，对双方具有法律约束力。（2）对外效力。

夫妻约定财产制只有在第三人知道该约定时才具备对外效力，在法律实践中，需要夫妻举证证明第三人知道该约定，才能达到“相对人知道该约定”的效果。

43. 夫妻一方有隐藏、变卖、挥霍夫妻共同财产的行为时，另一方如何维护自身权利？

《民法典》第1066条规定，婚姻关系存续期间，有下列情形之一的，夫妻一方可以向人民法院请求分割共同财产：（1）一方有隐藏、转移、变卖、毁损、挥霍夫妻共同财产或者伪造夫妻共同债务等严重损害夫妻共同财产利益的行为；（2）一方负有法定扶养义务的人患重大疾病需要医治，另一方不同意支付相关医疗费用。

夫妻共同财产是夫妻在婚姻关系存续期间所得的财产，夫妻对共同财产享有平等的所有权和处理权，因此，当夫妻中的一方在处分共同财产尤其是重大财产时，应当和另一方沟通并取得其同意。当夫妻一方主观上有隐藏、转移、变卖、毁损、挥霍夫妻共同财产的行为时，实际上就侵犯了另一方对共同财产享有的所有权和处理权。原则上，夫妻任一方提出财产分割的请求以提出离婚诉讼为前提，但是当夫妻一方有上述任一行为时，另一方可依照法律规定在婚姻关系存续期间向法院提出分割共同财产的诉求。

第二节　父母子女关系和其他近亲属关系

44. 父母不履行抚养义务的，未成年人可以主张抚养费吗？

《民法典》第 1067 条规定，父母不履行抚养义务的，未成年子女或者不能独立生活的成年子女，有要求父母给付抚养费的权利。

父母对子女有抚养的义务，子女也有获得父母抚养的权利。抚养是指父母抚育子女的成长，并为他们的生活、学习提供一定的物质和精神条件。我国《宪法》第 49 条亦规定，父母有抚养教育未成年子女的义务，可见抚养未成年子女是父母的法定义务。父母抚养未成年子女是无条件的，在任何情况下都不能免除。父母抚养成年子女是有条件的，当成年子女不能独立生活时，父母应该根据实际情况负担一定的生活费用，给予帮助。当父母不履行抚养义务时，未成年子女或不能独立生活的成年子女，可依法向父母主张抚养费用。

45. 成年子女不履行赡养义务的，父母可以主张赡养费吗？

《民法典》第 1067 条规定，成年子女不履行赡养义务的，缺乏劳动能力或者生活困难的父母，有要求成年子女给付赡养费的权利。

父母有抚养子女的义务，同样的，子女也有赡养父母的义务。赡养是指子女在物质上和经济上为父母提供必要的生活条件，精神上给予关心和照料。我国《宪法》第 49 条亦规定，成年子女有赡养扶助父母的义务。需要注意的是，赡养老人并不是仅仅提供物质帮助，还要对老人履行生活上照料和精神上慰藉的义务，照顾老年人的特殊需要。当成年子女不履行赡养义务的，缺乏劳动能力或者生活困难的父母，有要求成年子女给付赡养费的权利。

46. 未成年子女造成他人损害的，如何承担责任?

《民法典》第 1068 条规定，父母有教育、保护未成年子女的权利和义务。未成年子女造成他人损害的，父母应当依法承担民事责任。

未成年人心智尚未健全，父母作为法定监护人，对子女具有教育、保护的权利和义务。教育，是指父母应当采用正确的方法对未成年子女进行教导，并对其行为进行必要的约束，以保障未成年子女健康成长。保护，是指父母应当保护未成年子女的人身安全和合法权益，使其处于身心安全状态。当未成年人造成他人损害的，因其年龄尚小还不能够独立承担民事责任，这就需要负有管教义务的父母依法承担民事责任。

47. 父母再婚的，子女还有赡养义务吗？

《民法典》第 1069 条规定，子女应当尊重父母的婚姻权利，不得干涉父母离婚、再婚以及婚后的生活。子女对父母的赡养义务，不因父母的婚姻关系变化而终止。

子女尊重父母的婚姻权利，对父母离婚、再婚以及婚后的生活不加干涉是婚姻自由原则的体现。子女对父母进行赡养，不仅是中华民族的传统美德，更是法律规定的义务。《老年人权益保障法》第 14 条规定，赡养人应当履行对老年人经济上供养、生活上照料和精神上慰藉的义务，照顾老年人的特殊需要。上述法定的赡养义务，不因父母的婚姻关系变化而终止，当成年子女不履行赡养义务的，缺乏劳动能力和生活困难的父母可以向其主张赡养费。

48. 父母和子女有相互继承遗产的权利吗？

《民法典》第 1070 条规定，父母和子女有相互继承遗产的权利。

继承，是指自财产所有人死亡或被宣告死亡时起，根据法律规定将死者遗留下来的财产转移给有继承财产权利的他人所有的法律制度。遗产，是指死者遗留下的财产和财产权利。父母和子女互为第一顺位的继承人，有相互继承遗产的权利。

49. 非婚生子女的权利有哪些?

《民法典》第 1071 条规定，非婚生子女享有与婚生子女同等的权利，任何组织或者个人不得加以危害和歧视。不直接抚养非婚生子女的生父或者生母，应当负担未成年子女或者不能独立生活的成年子女的抚养费。

非婚生子女，是指没有婚姻关系的男女所生的子女。非婚生子女主要包括以下情况：未婚男女或已婚男女与第三人所生子女，婚姻无效或被撤销当事人所生子女。非婚生子女享有与婚生子女同等的权利，如享有父母抚养和教育的权利，可以与父母之间相互继承遗产等，任何组织和个人不得加以危害和歧视。我们应当明确，非婚生子女是无辜的，他们的身份不是自己所选择的，社会各界应当对当事人的隐私给予应有的尊重和保护，给非婚生子女更多的关爱，以弥补他们在家庭生活中的缺憾。总之，给非婚生子女一个健康的生存环境，应当成为社会文明程度的标志。

50. 继父母和继子女之间有哪些权利和义务?

《民法典》第 1072 条规定，继父母与继子女间，不得虐待或者歧视。继父或者继母和受其抚养教育的继子女间的权利义务关系，适用本法关于父母子女关系的规定。

继父母是指子女母亲或父亲再婚的配偶，继子女是指夫或妻一方与前配偶所生的子女。现实中，继父母与继子女的关系主要有三种类型：一是姻亲关系，是指生父或生母与继母或继父再婚时，继子女已经成年，或者继子女虽未成年但由其生父母抚养，继父母与继子女之间没有抚养或赡养义务。二是收养关系。继父或继母经继子女生父母同意，形成收养关系。随着收养关系的确立，子女与不在一起共同生活的父或母一方的父母子女关系消灭。三是形成双重的权利和义务关系。即生父（母）与继母（父）再婚时，继子女尚未成年，他们随生父母一方与继父或者继母共同生活时，继父或继母对其承担了部分或者全部抚养义务；或者成年继子女事实上对继父母长期承担了赡养义务，形成了赡养关系。这些继子女和继父母实际上形成了收养和继养双重的权利和义务关系。

继父母和受其抚养教育的继子女间的权利义务关系主要有以下四层含义。一是继父母对继子女有抚养教育的义务；二是继子女对继父母有赡养扶助的义务；三是继父母与继子女之间有相互继承遗产的权利；四是继父母有教育和保护未成年继子女的权利和义务。

51. 父或母提出确认或否认亲子关系的诉讼要符合什么条件？

《民法典》第 1073 条规定，对亲子关系有异议且有正当理由的，父或者母可以向人民法院提起诉讼，请求确认或者否认亲子关系。对亲子关系有异议且有正当理由的，成年子女可以向人民法院提起诉讼，请求确认亲子关系。

父或母提出亲子关系确认或否认之诉需要满足对亲子关系有异议且有正当理由的条件。亲子关系诉讼对家庭影响较大，一旦启动亲子关系诉讼，无论结果如何，都不可避免地对各方当事人产生触动，对于原有家庭关系构成挑战，其影响远远超过一般诉讼案件。亲子关系诉讼涉及夫妻双方、子女和他人的人身关系和财产关系调整，适当提高亲子关系诉讼的门槛，让提起诉讼的当事人承担与其诉讼请求相适应的举证责任，能够在一定程度上防止诉权滥用现象的发生，也更有利于维护家庭关系、亲子关系的和谐稳定，保护对方当事人尤其是未成年子女的合法权益。需要注意的是，成年子女只能提出亲子关系确认之诉，这是出于避免成年子女逃避对父母赡养义务的考量。

52. 祖父母对孙子女有抚养的义务吗?

《民法典》第 1074 条规定，有负担能力的祖父母、外祖父母，对于父母已经死亡或者父母无力抚养的未成年孙子女、外孙子女，有抚养的义务。有负担能力的孙子女、外孙子女，对于子女已经死亡或者子女无力赡养的祖父母、外祖父母，有赡养的义务。

父母是子女的法定监护人，应当承担对子女的抚养教育义务。但当父母死亡或者无抚养能力时，有抚养能力的祖父母、外祖父母对孙子女、外孙子女有抚养义务，形成抚养关系。实践中，祖父母、外祖父母对孙子女、外孙子女的抚养主要表现为两种形式:

一是共同生活抚养，即被抚养人同抚养义务人共同生活，进行直接的抚养；二是抚养义务人通过给付抚养费、探视等方式完成抚养义务。同时，有负担能力的孙子女、外孙子女，对于子女已经死亡或者子女无力赡养的祖父母、外祖父母，也有赡养的义务。

53. 兄、姐对未成年弟、妹有扶养的义务吗？

《民法典》第1075条规定，有负担能力的兄、姐，对于父母已经死亡或者父母无力抚养的未成年弟、妹，有扶养的义务。由兄、姐扶养长大的有负担能力的弟、妹，对于缺乏劳动能力又缺乏生活来源的兄、姐，有扶养的义务。

兄、姐对未成年弟、妹产生扶养义务需要同时满足三个条件：一是弟、妹为未成年人，即不满18周岁。如果弟、妹已经成年，虽无独立生活能力，兄、姐亦无法定扶养义务。二是父母已经死亡或者父母无力抚养。父母死亡或者没有抚养能力，都使得第一顺位的抚养义务人没有抚养能力，便产生了由有负担能力的兄、姐扶养未成年弟、妹的义务。三是兄、姐有负担能力。在前述两项条件具备时，兄、姐对未成年弟、妹的扶养义务并不必然发生，只有这项条件也具备时，即兄、姐有负担能力时，才产生扶养未成年弟、妹的义务。

第四章　离　婚

54. 男女双方协议离婚的，应当符合哪些条件？

《民法典》第 1076 条规定，夫妻双方自愿离婚的，应当签订书面离婚协议，并亲自到婚姻登记机关申请离婚登记。离婚协议应当载明双方自愿离婚的意思表示和对子女抚养、财产以及债务处理等事项协商一致的意见。

协议离婚，是指婚姻双方当事人达成离婚合意并通过婚姻登记机关解除婚姻关系的法律制度。协议离婚应当具备以下条件：（1）协议离婚当事人应当具备离婚的共同意愿。双方自愿是协议离婚的基础条件，协议离婚的当事人应当有一致的离婚意愿，且该意愿必须基于双方的无瑕疵的意思表示，不得有欺诈、胁迫等情形。（2）签订书面离婚协议。夫妻双方达成离婚合意后，应当签订书面离婚协议，并亲自到婚姻登记机关申请离婚登记。（3）对子女、财产以及债务问题作出适当处理。离婚协议应当对子女的抚养、教育、探视等问题作出妥当安排，对共同财产分割和债务作出一致的处理意见。

55. 因家庭暴力而起诉离婚，还适用离婚冷静期制度吗？

《民法典》第1077条规定，自婚姻登记机关收到离婚登记申请之日起三十日内，任何一方不愿意离婚的，可以向婚姻登记机关撤回离婚登记申请。前款规定期限届满后三十日内，双方应当亲自到婚姻登记机关申请发给离婚证；未申请的，视为撤回离婚登记申请。

离婚冷静期，是指男女双方到婚姻登记机关办理离婚时，自婚姻登记机关收到离婚登记申请之日起三十日内，任何一方不愿意离婚的，可以向婚姻登记机关撤回离婚登记申请。需要注意的是，离婚冷静期制度仅适用于男女双方自愿的协议离婚，设置离婚冷静期制度的目的是解决冲动离婚的问题，维护婚姻家庭关系的稳定，而因家庭暴力等情形诉讼离婚的，则不适用离婚冷静期制度。

56. 诉讼离婚的特征有哪些？

《民法典》第1079条规定，夫妻一方要求离婚的，可以由有关组织进行调解或者直接向人民法院提起离婚诉讼。人民法院审理离婚案件，应当进行调解；如果感情确已破裂，调解无效的，应当准予离婚。

诉讼离婚，是指婚姻关系当事人因感情破裂向人民法院提出离婚请求，由人民法院调解或判决解除其婚姻关系的一项制度。

诉讼离婚适用于当事人对离婚有分歧的情况，主要包括两种情形：一是夫妻一方要求离婚而另一方不同意；二是夫妻双方同意离婚，但是对财产和子女抚养有争议。诉讼离婚主要有三个特征：一是诉讼离婚的法定必要条件是“夫妻感情确已破裂，调解无效”。法院在审理离婚案件时必须以此为据判断是否准予当事人离婚。二是在离婚诉讼中，法院对争议处理起主导作用，由法院对当事人提出的离婚请求和理由进行审查，并作出是否准予离婚的裁判。三是法院作出的调解或判决在发生法律效力后具有强制执行力。

57. 诉讼离婚中，法院判决应当准予离婚的情形有哪些?

《民法典》第1079条规定，有下列情形之一，调解无效的，应当准予离婚：（1）重婚或者与他人同居；（2）实施家庭暴力或者虐待、遗弃家庭成员；（3）有赌博、吸毒等恶习屡教不改；（4）因感情不和分居满二年；（5）其他导致夫妻感情破裂的情形。一方被宣告失踪，另一方提起离婚诉讼的，应当准予离婚。经人民法院判决不准离婚后，双方又分居满一年，一方再次提起离婚诉讼的，应当准予离婚。

“夫妻感情确已破裂，调解无效”是准予离婚的法定必要条件，在认定夫妻感情确已破裂的具体情形方面，主要有以下五点：一是重婚或与他人同居。重婚是有配偶者又与他人结婚的违法行为，与他人同居是有配偶的人与他人过着隐蔽的同居生活。该两种行为都严重违反了一夫一妻的婚姻制度，严重伤害了夫妻感情。二是实施家庭暴力或者虐待、遗弃家庭成员。家庭暴力和虐待，是指发生在家庭成员之间，以殴打、残害身体、禁闭、冻饿、精神恐吓等手段，对家庭成员从肉体上、精神上进行伤害、折磨的行为。遗弃是指对于需要扶养的家庭成员，负有扶养义务而拒绝扶养的行为。夫妻和其他家庭成员之间长期、一贯实施上述行为的，已严重伤害夫妻感情，经调解无效准予离婚。三是有赌博、吸毒等恶习屡教不改。有赌博、吸毒恶习的当事人不但不承担家庭责任，还会消耗家庭积蓄，使家庭正常生活难以为继，沾染恶习且屡教不改的，夫妻难以共同生活，经调解无效应准予离婚。四是因感情不和分居满二年。夫妻因感情不和分居满二年，一般来说可以构成夫妻感情破裂的事实证明。五是其他导致夫妻感情破裂的情形。导致夫妻感情破裂的原因复杂多样，这些情形在法律条文中难以逐一列举，人民法院应当本着保障离婚自由、防止轻率离婚的原则，根据具体情况作出正确裁判。

除此之外，还有两种情形，法院应当准予离婚。一是一方被宣告失踪，另一方提起离婚诉讼的，应当准予离婚。二是经人民法院判决不准离婚后，双方又分居满一年，一方再次提起离婚诉讼的，应当准予离婚。

58. 婚姻关系解除的条件有哪些？

《民法典》第1080条规定，完成离婚登记，或者离婚判决书、调解书生效，即解除婚姻关系。

解除婚姻关系有协议离婚和诉讼离婚两种方式。协议离婚要求婚姻关系当事人双方对财产、子女抚养等问题达成合意，并签订书面离婚协议，经婚姻登记机关完成离婚登记后婚姻关系即解除。诉讼离婚要求法院根据当事人双方提交的诉讼请求和理由，经调解或判决准予离婚，且离婚判决书、调解书生效时，婚姻关系即解除。

59. 法律对军人婚姻有哪些特殊保护？

《民法典》第 1081 条规定，现役军人的配偶要求离婚，应当征得军人同意，但是军人一方有重大过错的除外。

军队是执行国家政治任务的武装力量，军人是担负着保障国家建设，保卫国家主权、领土完整的重要职责，对军人婚姻实行特别保护是党和国家的一贯政策。对军人婚姻进行特殊保护，需要注意以下三个方面：一是法律对现役军人的婚姻有特殊保护，已经退伍的军人不在特殊保护范围内。二是如果婚姻关系当事人双方都是军人或者军人一方主动提出离婚的，则不适用本条特殊保护的规定。三是如果军人一方有重大过错的，也不适用本条特殊保护的规定。

60. 女方怀孕期间，男方可以提出离婚吗？

《民法典》第 1082 条规定，女方在怀孕期间、分娩后一年内或者终止妊娠后六个月内，男方不得提出离婚；但是，女方提出离婚或者人民法院认为确有必要受理男方离婚请求的除外。

为了照顾女方怀孕期间、分娩后一年内或中止妊娠后六个月内的特殊情况，保护胎儿、婴儿的健康，维护妇女的身心健康，法律在上述期间内对男方的离婚请求权进行了相应限制。一方面，在上述期间内，胎儿或婴儿正处于发育阶段，需要父母的合力养育。另一方面，在上述期间内的女方身心也较为疲惫，如果允许男方在此期间提出离婚请求，不仅对女方的身心健康造成影响，也有违社会公德。当然，对男方离婚请求权的限制只是特定期间的限制，并不是永久剥夺，只是推迟了男方提出离婚申请的时间。此外，如果女方在上述期间内主动提出离婚申请，说明女方已经对离婚有了思想准备，则不受限制。

61. 复婚需要满足什么条件？

《民法典》第 1083 条规定，离婚后，男女双方自愿恢复婚姻关系的，应当到婚姻登记机关重新进行结婚登记。

复婚，是指离婚的男女重新和好，再次登记结婚并恢复夫妻关系。男女双方离婚后又自愿复婚，可以通过办理恢复结婚登记，重新恢复夫妻关系。在办理复婚登记时，应提交原离婚证，以备婚姻登记机关审查。婚姻登记机关按照结婚登记程序办理复婚登记。在办理复婚登记时，应当收回双方当事人的离婚证后，重新发给结婚证。

62. 父母离婚后，如何确定子女抚养权的归属？

《民法典》第 1084 条规定，离婚后，不满两周岁的子女，以由母亲直接抚养为原则。已满两周岁的子女，父母双方对抚养问题协议不成的，由人民法院根据双方的具体情况，按照最有利于未成年子女的原则判决。子女已满八周岁的，应当尊重其真实意愿。

父母离婚后，父母与子女间的血亲关系并不因婚姻关系的解除而消除，但抚养方式会有变化。具体而言，有利于未成年子女的身心健康成长是确定子女抚养权归属的总原则。对于离婚时不满两周岁的子女，因其多处于母乳喂养的哺乳期，由母亲抚养对婴儿的健康成长更为有利，因此以由母亲直接抚养为原则。对于已满两周岁的子女，则需要考虑父母的具体情况确定抚养权归属。例如，父母双方的个人素质、对子女的责任感、家庭环境、父母与子女的感情等因素；在双方的各种条件都基本相同的情况下，原则上由经济能力较强的一方抚养等。对于已满八周岁的子女，则需要尊重其真实意愿，询问其更愿意跟谁生活，以最大程度地降低父母离婚对子女造成的不利影响。

63. 父母离婚后，子女可以向不在一起生活的一方父或母主张抚养费吗？

《民法典》第 1085 条规定，离婚后，子女由一方直接抚养的，另一方应当负担部分或者全部抚养费。负担费用的多少和期限的长短，由双方协议；协议不成的，由人民法院判决。

夫妻离婚后，父母与子女间的关系，不因父母离婚而消除，父母对子女仍有抚养和教育的权利和义务。因此，离婚后的夫妻双方都有平等地负担子女生活费和教育费的经济责任，不与子女共同生活的一方父或母也应该支付抚养费。抚养费包括子女的生活费、教育费和医疗费等，抚养费的支付金额和期限长短由双方协商，协商不成的，对于抚养费数额，可根据子女的实际需要、父母双方的负担能力和当地的实际生活水平确定；对于抚养费支付期限，则需要根据具体情况个案处理，一般需要支付至子女成年为止。

64. 离婚后，不与子女共同生活的一方父或母可以随时去看孩子吗？

《民法典》第 1086 条规定，离婚后，不直接抚养子女的父或者母，有探望子女的权利，另一方有协助的义务。行使探望权利的方式、时间由当事人协议；协议不成的，由人民法院判决。父或者母探望子女，不利于子女身心健康的，由人民法院依法中止探望；中止的事由消失后，应当恢复探望。

父母与子女间的关系，不因父母离婚而消除，法律亦赋予了不直接抚养子女的一方父或母以探望的权利，但是探望权的行使方式、时间并非不受限制，而是优先由当事人双方协议确定。双方协议不成的，则由法院进行判决。正确行使探望权，是为了更好地保障子女身心健康的发展。

65. 妻子为照料家庭辞职做了家庭主妇，离婚时能请求补偿吗?

《民法典》第 1088 条规定，夫妻一方因抚育子女、照料老年人、协助另一方工作等负担较多义务的，离婚时有权向另一方请求补偿，另一方应当给予补偿。具体办法由双方协议；协议不成的，由人民法院判决。

当婚姻关系中的一方因抚育子女、照料老人、协助另一方工作等付出较多义务，那么多会在一定程度上牺牲自己的发展机会，导致自己在婚姻关系存续期间的经济收入较低，甚至是无经济收入。婚姻对于感情维系、人口繁衍、文明发展以及道德维护诸方面有重要作用，因此法律规定一方因抚育子女、照料老人、协助另一方工作付出较多义务的，离婚时可以向另一方请求补偿。法律赋予对家庭付出较多义务而在经济上处于劣势的一方以独立的诉讼请求权，使其在婚姻关系解除时可向对方提出经济上的补偿。

66. 离婚时，夫妻共同债务如何清偿?

《民法典》第 1089 条规定，离婚时，夫妻共同债务，应当共同偿还。共同财产不足清偿或者财产归各自所有的，由双方协议清偿；协议不成的，由人民法院判决。

夫妻共同债务，是指在婚姻关系存续期间，经夫妻双方共同意思表示所负的债务或者夫妻双方或一方为家庭日常生活需要所负的债务。由此可知，夫妻共同债务或是夫妻达成合意愿意共同承担的债务，或是夫妻双方或一方为了保障家庭生活稳定，子女健康成长、接受良好教育等家庭日常生活需要而负的债务，理应共同偿还。

67. 离婚时一方生活有困难的，是否可以请求另一方给予适当帮助？

《民法典》第 1090 条规定，离婚时，如果一方生活困难，有负担能力的另一方应当给予适当帮助。具体办法由双方协议；协议不成的，由人民法院判决。

婚姻关系存续期间，夫妻双方有互相扶养的义务，一方不履行扶养义务时，需要扶养的一方有要求对方付给扶养费的权利。婚姻关系消除后，仍要求一方对生活困难的另一方从其个人财产中给予适当的帮助，实质是夫妻间扶养义务的延续。抚养义务的延续实际上是考虑到一方生活困难有可能是在婚姻关系存续期间为了家庭利益而牺牲了个人的发展机会所致。当然，另一方提供适当帮助以有负担能力为前提，如双方协商不成，法院会对双方的就业能力、收入和财产情况、子女抚养等因素进行综合考量后进行判决。

68. 一方实施家庭暴力导致离婚的，另一方有权请求赔偿吗？

《民法典》第 1091 条规定，有下列情形之一，导致离婚的，无过错方有权请求损害赔偿：（1）重婚；（2）与他人同居；（3）实施家庭暴力；（4）虐待、遗弃家庭成员；（5）有其他重大过错。

家庭暴力，是指家庭成员之间以殴打、捆绑、残害、限制人身自由以及经常性谩骂、恐吓等方式实施的身体、精神等侵害行为。一方实施家庭暴力并导致离婚的，实际上是严重侵害了另一方的身体健康和精神安宁，致使夫妻间感情破裂，无过错的一方有权请求精神损害赔偿；若因家庭暴力发生财产损害的，也可以请求赔偿。需要注意的是，该处的赔偿请求权人需要为无过错方，如果双方互相实施家庭暴力，经常相互吵架打骂导致感情破裂而离婚的，则双方都不享有赔偿请求权。

69. 夫妻一方有隐藏、挥霍夫妻共同财产等行为的，离婚分割共同财产时可以少分或不分吗？

《民法典》第 1092 条规定，夫妻一方隐藏、转移、变卖、毁损、挥霍夫妻共同财产，或者伪造夫妻共同债务企图侵占另一方财产的，在离婚分割夫妻共同财产时，对该方可以少分或者不分。离婚后，另一方发现有上述行为的，可以向人民法院提起诉讼，请求再次分割夫妻共同财产。

夫妻双方对共同财产享有平等的所有权和处理权，夫妻在处分共同财产时，应当平等协商，取得一致意见，任何一方不得违背他方的意志，擅自处理。当夫妻一方有隐藏、转移、变卖、毁损、挥霍夫妻共同财产，或者伪造夫妻共同债务企图侵占另一方财产的行为时，实际上已经侵犯了另一方对共同财产的所有权。权利受到损害的一方可在离婚诉讼期间依法提出诉讼请求，法院视具体情况对侵权一方可以少分或者不分财产。需要注意的是，夫妻一方的上述处分共同财产的行为不包括过失行为，如因不慎将某些共同财产毁坏，只要没有故意，不属于本条规定之列。

第五章 收 养

第一节 收养关系的成立

70. 哪些人可以被他人收养?

《民法典》第1093条规定，下列未成年人，可以被收养:（1）丧失父母的孤儿;（2）查找不到生父母的未成年人;（3）生父母有特殊困难无力抚养的子女。

收养，是指领养他人子女为自己子女的民事法律行为，使原来没有父母子女关系的人们之间产生法律拟制的父母子女关系，收养人为养父和养母，被收养人为养子或养女。收养必须符合一定的条件和程序才能成立。收养的目的就是使那些无人抚养或父母无力抚养的孩子，在养父母的抚养教育下，享受家庭的温暖，得以健康成长。具体而言，被收养人应该是未成年人，包括丧失父母的孤儿，查找不到生父母的未成年人和生父母有特殊困难无力抚养的子女。

71. 哪些人可以作送养人?

《民法典》第1094条规定，下列个人、组织可以作送养人:（1）孤儿的监护人;(2)儿童福利机构;(3)有特殊困难无力抚养子女的生父母。

上述公民或组织作为送养人，有一个共同特征，即他们是被送养人的监护人或监护教养机关，对被送养人有监护职责。相关当事人的合意是收养成立的重要条件，而作为当事人一方的送养人，必须是被送养人的父母、其他监护人或监护教养机关。具体而言，可以作为送养人的个人和组织包括:(1)孤儿的监护人。当被收养人的父母死亡后，由孤儿的监护人作为送养人。孤儿的监护人包括祖父母、外祖父母，兄、姐，经未成年人住所地的居民委员会、村民委员会或者民政部门同意的其他愿意担任监护人的个人或者组织。(2)儿童福利机构，指民政部门设立的，主要收留抚养由民政部门担任监护人的未满18周岁儿童的机构。儿童福利机构包括按照事业单位法人登记的儿童福利院、设有儿童部的社会福利院等。(3)有特殊困难无力抚养子女的生父母，如重病、重残，无力抚养教育子女的生父母或由于自然灾害等原因无力抚养子女的生父母。

72. 生父母可以送养子女吗?

《民法典》第1094条规定，有特殊困难无力抚养子女的生父母可以作为送养人。第1097条规定，生父母送养子女，应当双方共同送养。生父母一方不明或者查找不到的，可以单方送养。

当生父母有重病、重残或因自然灾害等特殊困难情况无力抚养子女时，为了子女的健康成长，可以作为送养人送养子女。但需要注意的是，父母对子女有平等的抚养、教育和保护的权利，即便因有特殊困难而送养子女，也需要父母双方协商一致后共同送养。

73. 有一名子女的，还可以再收养未成年人吗?

《民法典》第1098条规定，收养人应当同时具备下列条件:（1）无子女或者只有一名子女;（2）有抚养、教育和保护被收养人的能力;（3）未患有在医学上认为不应当收养子女的疾病;（4）无不利于被收养人健康成长的违法犯罪记录;（5）年满三十周岁。

有一名子女，且有抚养被收养人的能力的，可以收养一名未成年人。有抚养被收养人的能力主要指收养人年满三十周岁且有抚养和教育被收养人的经济条件、健康条件和教育能力等。经济条件是指有足够而稳定的经济来源；健康条件是指必须没有影响被收养人成长的精神疾病或其他严重疾病；教育能力是指收养人有引导教育被收养人健康成长的能力，无不利于被收养人健康成长的违法犯罪记录。

74. 收养人可以收养几人?

《民法典》第1100条规定，无子女的收养人可以收养两名子女；有子女的收养人只能收养一名子女。

法律对收养人的年龄、经济条件、健康条件、抚养教育能力等作出规定，都是有利于被收养的未成年人的抚养、健康成长，对收养人数作出限制也是基于上述因素的考虑，让收养人在新家庭中能够健康成长，享受家庭温暖。

75. 收养三代以内旁系同辈血亲的子女，可以放宽哪些条件？

《民法典》第 1099 条规定，收养三代以内旁系同辈血亲的子女，可以不受本法第 1093 条第 3 项、第 1094 条第 3 项和第 1102 条规定的限制。华侨收养三代以内旁系同辈血亲的子女，还可以不受本法第 1098 条第 1 项规定的限制。

三代以内旁系同辈血亲的子女包括：（1）同源于父母的兄弟姐妹（含同父异母、同母异父的兄弟姐妹）的子女；（2）堂兄弟姐妹和表兄弟姐妹的子女。根据我国的传统家族和血亲观念，三代以内旁系同辈血亲具有更亲密的亲属关系，因此在收养三代以内旁系同辈血亲的子女时，可以适当放宽条件。具体而言，可以放宽两个条件：一是可以不受生父母有特殊困难条件的限制，即便生父母生活上没有重病等特殊困难，未成年人也可以被收养；二是无配偶者收养异性子女的，不受收养人与被收养人年龄差四十周岁以上的限制。此外，如果收养人为华侨的，在上述两个条件的基础上还可以不受收养人有无子女或已有子女人数的限制。

76. 为什么收养孤儿和残疾儿童，收养人的条件可以放宽?

《民法典》第 1100 条规定，无子女的收养人可以收养两名子女；有子女的收养人只能收养一名子女。收养孤儿、残疾未成年人或者儿童福利机构抚养的查找不到生父母的未成年人，可以不受前款和本法第 1098 条第 1 项规定的限制。

收养孤儿、残疾未成年人或者儿童福利机构抚养的查找不到生父母的未成年人适当放宽收养条件，一方面是让更有抚养能力、愿意承担更多社会责任且条件合适的收养人为社会作出更多贡献，另一方面也是考虑到被收养人的特殊情况，如孤儿可能有兄弟姐妹，并且愿意在一起生活；残疾儿童难以找到收养人；儿童福利机构抚养的查找不到生父母的未成年人有一起长大的玩伴，建立起了亲密的兄弟姐妹情谊等，对收养人有无子女、已有子女人数和收养人数不设限，以让特定条件的被收养人能够有更多机会在幸福家庭中健康成长。

77. 继父或者继母可以收养继子女吗?

《民法典》第 1103 条规定，继父或者继母经继子女的生父母同意，可以收养继子女，并可以不受本法第 1093 条第 3 项、第 1094 条第 3 项、第 1098 条和第 1100 条第 1 款规定的限制。

继父母和继子女的关系是由于生父母离婚或者一方死亡，另一方带子女再婚后形成的。在通常情况下，继父母与继子女之间的关系属于姻亲范围，如果继父母将继子女收养为养子女，他们会形成法律拟制的直系血亲关系。继父或继母经继子女的生父母同意，正式办理了收养手续，可以将继子女收养为养子女。随着收养关系的确立，该子女与其共同生活的生父或生母之间的关系仍为直系血亲，而与不在一起共同生活的生父或生母一方的父母子女关系随之消灭。

78. 办理收养登记时，哪些人必须亲自到场？

《民法典》第 1101 条规定，有配偶者收养子女，应当夫妻共同收养。第 1104 条规定，收养人收养与送养人送养，应当双方自愿。收养八周岁以上未成年人的，应当征得被收养人的同意。

在办理收养登记时，收养人应当亲自到收养登记机关。有配偶者双方都应亲自到场，一方不能亲自到场的，须出具经公证的委托收养书。八周岁以上的被收养人，也须亲自到场。

79. 办理收养登记时应带齐哪些证件和证明材料？

申请收养人到收养登记机关申请办理收养登记时，应向收养登记机关提交本人的居民身份证和户口簿，写有本人年龄、婚姻、家庭成员、健康、有无抚养教育被收养人的能力等状况的有效证明。

申请收养儿童福利机构抚养的孤儿，须提供该儿童福利机构出具的同意送养的证明；申请收养弃婴须提供有关主管机关出具的查找不到其生父母的证明；申请收养有残疾的儿童，还须提供县级医疗单位出具的残疾状况的证明；此外，申请人还应向登记机关提交写明其收养目的，不虐待、不遗弃被收养人和抚育被收养人健康成长的书面保证。

80. 办理收养登记所需的证明材料应由哪些单位出具?

申请收养人是职工的，须由其所在单位的人事部门为其出具写明本人年龄、婚姻、家庭成员等情况的证明；申请收养人如无工作单位，所需证明材料应由其所在居民委员会为其出具，并加盖街道办事处公章；申请收养人是农民的，由其所在地的村民委员会出具证明材料并须加盖乡、镇人民政府公章。

81. 收养关系何时成立?

《民法典》第 1105 条规定，收养应当向县级以上人民政府民政部门登记。收养关系自登记之日起成立。收养查找不到生父母的未成年人的，办理登记的民政部门应当在登记前予以公告。收养关系当事人愿意签订收养协议的，可以签订收养协议。收养关系当事人各方或者一方要求办理收养公证的，应当办理收养公证。县级以上人民政府民政部门应当依法进行收养评估。第 1106 条规定，收养关系成立后，公安机关应当按照国家有关规定为被收养人办理户口登记。

82. 外国人在中国收养子女应如何办理收养手续?

《民法典》第1109条规定，外国人依法可以在中华人民共和国收养子女。外国人在中华人民共和国收养子女，应当经其所在国主管机关依照该国法律审查同意。收养人应当提供由其所在国有权机构出具的有关其年龄、婚姻、职业、财产、健康、有无受过刑事处罚等状况的证明材料，并与送养人签订书面协议，亲自向省、自治区、直辖市人民政府民政部门登记。上述证明材料应当经收养人所在国外交机关或者外交机关授权的机构认证，并经中华人民共和国驻该国使领馆认证，但是国家另有规定的除外。

83. 收养关系当事人可以要求他人保守收养秘密吗?

《民法典》第1110条规定，收养人、送养人要求保守收养秘密的，其他人应当尊重其意愿，不得泄露。

收养行为在一定程度上属于公民个人的隐私，为此法律专门作了有关保密的规定，收养人、送养人要求保守收养秘密的，其他人应当尊重其意愿，不得泄露。若他人故意泄露收养秘密并给收养关系当事人造成严重影响的，根据《最高人民法院关于确定民事侵权精神损害赔偿责任若干问题的解释》第2条规定，非法使被监护人脱离监护，导致亲子关系或者近亲属间的亲属关系遭受严重损害，监护人向人民法院起诉请求赔偿精神损害的，人民法院应当依法予以受理。据此，收养关系当事人可以向法院起诉主张精神损害赔偿。

第二节　收养的效力

84. 收养关系成立后，法律对养父母与养子女的关系有哪些规定？

《民法典》第 1111 条规定，自收养关系成立之日起，养父母与养子女间的权利义务关系，适用本法关于父母子女关系的规定；养子女与养父母的近亲属间的权利义务关系，适用本法关于子女与父母的近亲属关系的规定。养子女与生父母以及其他近亲属间的权利义务关系，因收养关系的成立而消除。

收养关系成立后，养父母与养子女适用父母子女关系的规定，养父母对养子女有抚养、教育和保护的义务，养子女成年后有对养父母赡养的义务；养父母和养子女之间有相互继承遗产的权利等。

85. 收养关系成立后，养子女还可以保留原来的姓氏吗？

《民法典》第 1112 条规定，养子女可以随养父或者养母的姓氏，经当事人协商一致，也可以保留原姓氏。

在收养关系下，随着收养关系的成立，养父母子女关系确立，作为身份关系的一种标志，养子女的姓氏可以发生相应的变化，以表明其身份关系的变化。因此收养成立后，养子女可以随养父或者养母的姓氏。当然，经当事人协商一致，养子女也可以保留原姓氏。

86. 收养行为无效后有哪些法律后果？

《民法典》第 1113 条规定，有本法第一编关于民事法律行为无效规定情形或者违反本编规定的收养行为无效。无效的收养行为自始没有法律约束力。

收养行为无效后，自收养行为开始时就不具备法律效力，养父母子女之间的关系也自始不成立，养父母对养子女间没有抚养教育的义务，养子女对养父母也没有赡养的义务。

第三节　收养关系的解除

87. 在什么情况下可以解除收养关系？

《民法典》第 1114 条规定，收养人在被收养人成年以前，不得解除收养关系，但是收养人、送养人双方协议解除的除外。养子女八周岁以上的，应当征得本人同意。收养人不履行抚养义务，有虐待、遗弃等侵害未成年养子女合法权益行为的，送养人有权要求解除养父母与养子女间的收养关系。送养人、收养人不能达成解除收养关系协议的，可以向人民法院提起诉讼。第 1115 条规定，养父母与成年养子女关系恶化、无法共同生活的，可以协议解除收养关系。不能达成协议的，可以向人民法院提起诉讼。

由此可知，可以解除收养关系的情形有三种：一是收养人与送养人协商一致解除收养关系，养子女八周岁以上的，还应征得其本人同意。二是收养人不履行抚养义务，有虐待、遗弃等侵害未成年养子女合法权益行为的，送养人有权要求解除养父母与养子女之间的收养关系。三是养父母与成年养子女关系恶化、无法共同生活的，可以协议解除收养关系。

88. 收养关系解除后，养子女与养父母以及其他近亲属间的权利义务关系是否保留？

《民法典》第 1117 条规定，收养关系解除后，养子女与养父母以及其他近亲属间的权利义务关系即行消除，不再保留。因为养子女与养父母及其他近亲属间的权利义务关系是基于收养关系的成立而产生的，收养关系是一种拟制血亲关系，收养关系解除后，这种拟制血亲关系也就不存在了。

89. 收养关系解除后，养子女与生父母以及其他近亲属的权利义务关系能否恢复？

《民法典》第 1117 条规定，收养关系解除后，养子女与养父母以及其他近亲属间的权利义务关系即行消除，与生父母及其他近亲属间的权利义务关系自行恢复。但是，成年养子女与生父母及其他近亲属间的权利义务关系是否恢复，可以协商确定。

可见，收养关系解除时，如果养子女尚未成年，其与生父母及其他近亲属间的权利义务关系因收养关系的解除而自行恢复；如果养子女已经成年，其与生父母及其他近亲属之间的权利义务关系可以恢复，也可以不恢复，这取决于他们的自愿协商。

90. 收养关系解除后，养父母可以向成年子女主张生活费吗?

《民法典》第 1118 条规定，收养关系解除后，经养父母抚养的成年养子女，对缺乏劳动能力又缺乏生活来源的养父母，应当给付生活费。因养子女成年后虐待、遗弃养父母而解除收养关系的，养父母可以要求养子女补偿收养期间支出的抚养费。

收养关系解除后，养父母与养子女之间的父母子女关系也随之解除。但是对于经养父母抚养的成年养子女，养父母在收养关系解除前履行了抚养、教育养子女的义务的，即便之后收养关系解除，对于缺乏劳动能力又缺乏生活来源的养父母，成年养子女也应当给付生活费。

附录

中华人民共和国民法典（节录）

（2020 年 5 月 28 日第十三届全国人民代表大会第三次会议通过）

……

第五编　婚姻家庭

第一章　一般规定

第一千零四十条　【婚姻家庭编的调整范围】[①]本编调整因婚姻家庭产生的民事关系。

第一千零四十一条　【婚姻家庭关系基本原则】婚姻家庭受国家保护。

实行婚姻自由、一夫一妻、男女平等的婚姻制度。

保护妇女、未成年人、老年人、残疾人的合法权益。

第一千零四十二条　【禁止的婚姻家庭行为】禁止包办、买卖婚姻和其他干涉婚姻自由的行为。禁止借婚姻索取财物。

禁止重婚。禁止有配偶者与他人同居。

禁止家庭暴力。禁止家庭成员间的虐待和遗弃。

第一千零四十三条　【婚姻家庭道德规范】家庭应当树立优良

① 条文主旨为编者所加，下同。

家风，弘扬家庭美德，重视家庭文明建设。

夫妻应当互相忠实，互相尊重，互相关爱；家庭成员应当敬老爱幼，互相帮助，维护平等、和睦、文明的婚姻家庭关系。

第一千零四十四条 【收养的原则】收养应当遵循最有利于被收养人的原则，保障被收养人和收养人的合法权益。

禁止借收养名义买卖未成年人。

第一千零四十五条 【亲属、近亲属与家庭成员】亲属包括配偶、血亲和姻亲。

配偶、父母、子女、兄弟姐妹、祖父母、外祖父母、孙子女、外孙子女为近亲属。

配偶、父母、子女和其他共同生活的近亲属为家庭成员。

第二章 结 婚

第一千零四十六条 【结婚自愿】结婚应当男女双方完全自愿，禁止任何一方对另一方加以强迫，禁止任何组织或者个人加以干涉。

第一千零四十七条 【法定婚龄】结婚年龄，男不得早于二十二周岁，女不得早于二十周岁。

第一千零四十八条 【禁止结婚的情形】直系血亲或者三代以内的旁系血亲禁止结婚。

第一千零四十九条 【结婚程序】要求结婚的男女双方应当亲自到婚姻登记机关申请结婚登记。符合本法规定的，予以登记，发给结婚证。完成结婚登记，即确立婚姻关系。未办理结婚登记的，应当补办登记。

第一千零五十条 【男女双方互为家庭成员】登记结婚后，按照男女双方约定，女方可以成为男方家庭的成员，男方可以成为女方家庭的成员。

第一千零五十一条 【婚姻无效的情形】有下列情形之一的，婚姻无效：

（一）重婚；

（二）有禁止结婚的亲属关系；

（三）未到法定婚龄。

第一千零五十二条 【受胁迫婚姻的撤销】因胁迫结婚的，受胁迫的一方可以向人民法院请求撤销婚姻。

请求撤销婚姻的，应当自胁迫行为终止之日起一年内提出。

被非法限制人身自由的当事人请求撤销婚姻的，应当自恢复人身自由之日起一年内提出。

第一千零五十三条 【隐瞒重大疾病的可撤销婚姻】一方患有重大疾病的，应当在结婚登记前如实告知另一方；不如实告知的，另一方可以向人民法院请求撤销婚姻。

请求撤销婚姻的，应当自知道或者应当知道撤销事由之日起一年内提出。

第一千零五十四条 【婚姻无效或被撤销的法律后果】无效的或者被撤销的婚姻自始没有法律约束力，当事人不具有夫妻的权利和义务。同居期间所得的财产，由当事人协议处理；协议不成的，由人民法院根据照顾无过错方的原则判决。对重婚导致的无效婚姻的财产处理，不得侵害合法婚姻当事人的财产权益。当事人所生的子女，适用本法关于父母子女的规定。

婚姻无效或者被撤销的，无过错方有权请求损害赔偿。

第三章　家庭关系

第一节　夫妻关系

第一千零五十五条　【夫妻平等】夫妻在婚姻家庭中地位平等。

第一千零五十六条　【夫妻姓名权】夫妻双方都有各自使用自己姓名的权利。

第一千零五十七条　【夫妻人身自由权】夫妻双方都有参加生产、工作、学习和社会活动的自由，一方不得对另一方加以限制或者干涉。

第一千零五十八条　【夫妻抚养、教育和保护子女的权利义务平等】夫妻双方平等享有对未成年子女抚养、教育和保护的权利，共同承担对未成年子女抚养、教育和保护的义务。

第一千零五十九条　【夫妻扶养义务】夫妻有相互扶养的义务。

需要扶养的一方，在另一方不履行扶养义务时，有要求其给付扶养费的权利。

第一千零六十条　【夫妻日常家事代理权】夫妻一方因家庭日常生活需要而实施的民事法律行为，对夫妻双方发生效力，但是夫妻一方与相对人另有约定的除外。

夫妻之间对一方可以实施的民事法律行为范围的限制，不得对抗善意相对人。

第一千零六十一条 【夫妻遗产继承权】夫妻有相互继承遗产的权利。

第一千零六十二条 【夫妻共同财产】夫妻在婚姻关系存续期间所得的下列财产，为夫妻的共同财产，归夫妻共同所有：

（一）工资、奖金、劳务报酬；

（二）生产、经营、投资的收益；

（三）知识产权的收益；

（四）继承或者受赠的财产，但是本法第一千零六十三条第三项规定的除外；

（五）其他应当归共同所有的财产。

夫妻对共同财产，有平等的处理权。

第一千零六十三条 【夫妻个人财产】下列财产为夫妻一方的个人财产：

（一）一方的婚前财产；

（二）一方因受到人身损害获得的赔偿或者补偿；

（三）遗嘱或者赠与合同中确定只归一方的财产；

（四）一方专用的生活用品；

（五）其他应当归一方的财产。

第一千零六十四条 【夫妻共同债务】夫妻双方共同签名或者夫妻一方事后追认等共同意思表示所负的债务，以及夫妻一方在婚姻关系存续期间以个人名义为家庭日常生活需要所负的债务，属于夫妻共同债务。

夫妻一方在婚姻关系存续期间以个人名义超出家庭日常生活需要所负的债务，不属于夫妻共同债务；但是，债权人能够证明该债务用于夫妻共同生活、共同生产经营或者基于夫妻双方共同意思表示的除外。

第一千零六十五条 【夫妻约定财产制】男女双方可以约定婚姻关系存续期间所得的财产以及婚前财产归各自所有、共同所有或者部分各自所有、部分共同所有。约定应当采用书面形式。没有约定或者约定不明确的，适用本法第一千零六十二条、第一千零六十三条的规定。

夫妻对婚姻关系存续期间所得的财产以及婚前财产的约定，对双方具有法律约束力。

夫妻对婚姻关系存续期间所得的财产约定归各自所有，夫或者妻一方对外所负的债务，相对人知道该约定的，以夫或者妻一方的个人财产清偿。

第一千零六十六条 【婚内分割夫妻共同财产】婚姻关系存续期间，有下列情形之一的，夫妻一方可以向人民法院请求分割共同财产：

（一）一方有隐藏、转移、变卖、毁损、挥霍夫妻共同财产或者伪造夫妻共同债务等严重损害夫妻共同财产利益的行为；

（二）一方负有法定扶养义务的人患重大疾病需要医治，另一方不同意支付相关医疗费用。

第二节 父母子女关系和其他近亲属关系

第一千零六十七条 【父母与子女间的抚养赡养义务】父母不履行抚养义务的，未成年子女或者不能独立生活的成年子女，有要求父母给付抚养费的权利。

成年子女不履行赡养义务的，缺乏劳动能力或者生活困难的父母，有要求成年子女给付赡养费的权利。

第一千零六十八条 【父母教育、保护未成年子女的权利和义务】父母有教育、保护未成年子女的权利和义务。未成年子女造成他人损害的，父母应当依法承担民事责任。

第一千零六十九条 【子女尊重父母的婚姻权利及赡养义务】子女应当尊重父母的婚姻权利，不得干涉父母离婚、再婚以及婚后的生活。子女对父母的赡养义务，不因父母的婚姻关系变化而终止。

第一千零七十条 【遗产继承权】父母和子女有相互继承遗产的权利。

第一千零七十一条 【非婚生子女权利】非婚生子女享有与婚生子女同等的权利，任何组织或者个人不得加以危害和歧视。

不直接抚养非婚生子女的生父或者生母，应当负担未成年子女或者不能独立生活的成年子女的抚养费。

第一千零七十二条 【继父母子女之间权利义务】继父母与继子女间，不得虐待或者歧视。

继父或者继母和受其抚养教育的继子女间的权利义务关系，

适用本法关于父母子女关系的规定。

第一千零七十三条 【亲子关系异议之诉】对亲子关系有异议且有正当理由的，父或者母可以向人民法院提起诉讼，请求确认或者否认亲子关系。

对亲子关系有异议且有正当理由的，成年子女可以向人民法院提起诉讼，请求确认亲子关系。

第一千零七十四条 【祖孙之间的抚养、赡养义务】有负担能力的祖父母、外祖父母，对于父母已经死亡或者父母无力抚养的未成年孙子女、外孙子女，有抚养的义务。

有负担能力的孙子女、外孙子女，对于子女已经死亡或者子女无力赡养的祖父母、外祖父母，有赡养的义务。

第一千零七十五条 【兄弟姐妹间扶养义务】有负担能力的兄、姐，对于父母已经死亡或者父母无力抚养的未成年弟、妹，有扶养的义务。

由兄、姐扶养长大的有负担能力的弟、妹，对于缺乏劳动能力又缺乏生活来源的兄、姐，有扶养的义务。

第四章　离　　婚

第一千零七十六条 【协议离婚】夫妻双方自愿离婚的，应当签订书面离婚协议，并亲自到婚姻登记机关申请离婚登记。

离婚协议应当载明双方自愿离婚的意思表示和对子女抚养、财产以及债务处理等事项协商一致的意见。

第一千零七十七条 【离婚冷静期】自婚姻登记机关收到离婚

登记申请之日起三十日内，任何一方不愿意离婚的，可以向婚姻登记机关撤回离婚登记申请。

前款规定期限届满后三十日内，双方应当亲自到婚姻登记机关申请发给离婚证；未申请的，视为撤回离婚登记申请。

第一千零七十八条 【婚姻登记机关对协议离婚的查明】婚姻登记机关查明双方确实是自愿离婚，并已经对子女抚养、财产以及债务处理等事项协商一致的，予以登记，发给离婚证。

第一千零七十九条 【诉讼离婚】夫妻一方要求离婚的，可以由有关组织进行调解或者直接向人民法院提起离婚诉讼。

人民法院审理离婚案件，应当进行调解；如果感情确已破裂，调解无效的，应当准予离婚。

有下列情形之一，调解无效的，应当准予离婚：

（一）重婚或者与他人同居；

（二）实施家庭暴力或者虐待、遗弃家庭成员；

（三）有赌博、吸毒等恶习屡教不改；

（四）因感情不和分居满二年；

（五）其他导致夫妻感情破裂的情形。

一方被宣告失踪，另一方提起离婚诉讼的，应当准予离婚。

经人民法院判决不准离婚后，双方又分居满一年，一方再次提起离婚诉讼的，应当准予离婚。

第一千零八十条 【婚姻关系的解除时间】完成离婚登记，或者离婚判决书、调解书生效，即解除婚姻关系。

第一千零八十一条 【现役军人离婚】现役军人的配偶要求离

婚，应当征得军人同意，但是军人一方有重大过错的除外。

第一千零八十二条 【男方提出离婚的限制情形】女方在怀孕期间、分娩后一年内或者终止妊娠后六个月内，男方不得提出离婚；但是，女方提出离婚或者人民法院认为确有必要受理男方离婚请求的除外。

第一千零八十三条 【复婚】离婚后，男女双方自愿恢复婚姻关系的，应当到婚姻登记机关重新进行结婚登记。

第一千零八十四条 【离婚后子女的抚养】父母与子女间的关系，不因父母离婚而消除。离婚后，子女无论由父或者母直接抚养，仍是父母双方的子女。

离婚后，父母对于子女仍有抚养、教育、保护的权利和义务。

离婚后，不满两周岁的子女，以由母亲直接抚养为原则。已满两周岁的子女，父母双方对抚养问题协议不成的，由人民法院根据双方的具体情况，按照最有利于未成年子女的原则判决。子女已满八周岁的，应当尊重其真实意愿。

第一千零八十五条 【离婚后子女抚养费的负担】离婚后，子女由一方直接抚养的，另一方应当负担部分或者全部抚养费。负担费用的多少和期限的长短，由双方协议；协议不成的，由人民法院判决。

前款规定的协议或者判决，不妨碍子女在必要时向父母任何一方提出超过协议或者判决原定数额的合理要求。

第一千零八十六条 【探望子女权利】离婚后，不直接抚养子女的父或者母，有探望子女的权利，另一方有协助的义务。

行使探望权利的方式、时间由当事人协议；协议不成的，由人民法院判决。

父或者母探望子女，不利于子女身心健康的，由人民法院依法中止探望；中止的事由消失后，应当恢复探望。

第一千零八十七条 【离婚时夫妻共同财产的处理】离婚时，夫妻的共同财产由双方协议处理；协议不成的，由人民法院根据财产的具体情况，按照照顾子女、女方和无过错方权益的原则判决。

对夫或者妻在家庭土地承包经营中享有的权益等，应当依法予以保护。

第一千零八十八条 【离婚经济补偿】夫妻一方因抚育子女、照料老年人、协助另一方工作等负担较多义务的，离婚时有权向另一方请求补偿，另一方应当给予补偿。具体办法由双方协议；协议不成的，由人民法院判决。

第一千零八十九条 【离婚时夫妻共同债务的清偿】离婚时，夫妻共同债务应当共同偿还。共同财产不足清偿或者财产归各自所有的，由双方协议清偿；协议不成的，由人民法院判决。

第一千零九十条 【离婚经济帮助】离婚时，如果一方生活困难，有负担能力的另一方应当给予适当帮助。具体办法由双方协议；协议不成的，由人民法院判决。

第一千零九十一条 【离婚损害赔偿】有下列情形之一，导致离婚的，无过错方有权请求损害赔偿：

（一）重婚；

（二）与他人同居；

（三）实施家庭暴力；

（四）虐待、遗弃家庭成员；

（五）有其他重大过错。

第一千零九十二条 【一方侵害夫妻财产的处理规则】夫妻一方隐藏、转移、变卖、毁损、挥霍夫妻共同财产，或者伪造夫妻共同债务企图侵占另一方财产的，在离婚分割夫妻共同财产时，对该方可以少分或者不分。离婚后，另一方发现有上述行为的，可以向人民法院提起诉讼，请求再次分割夫妻共同财产。

第五章 收　养

第一节 收养关系的成立

第一千零九十三条 【被收养人的条件】下列未成年人，可以被收养：

（一）丧失父母的孤儿；

（二）查找不到生父母的未成年人；

（三）生父母有特殊困难无力抚养的子女。

第一千零九十四条 【送养人的条件】下列个人、组织可以作送养人：

（一）孤儿的监护人；

（二）儿童福利机构；

（三）有特殊困难无力抚养子女的生父母。

第一千零九十五条 【监护人送养未成年人的情形】未成年人的父母均不具备完全民事行为能力且可能严重危害该未成年人的，该未成年人的监护人可以将其送养。

第一千零九十六条 【监护人送养孤儿的限制及变更监护人】监护人送养孤儿的，应当征得有抚养义务的人同意。有抚养义务的人不同意送养、监护人不愿意继续履行监护职责的，应当依照本法第一编的规定另行确定监护人。

第一千零九十七条 【生父母送养子女的原则要求与例外】生父母送养子女，应当双方共同送养。生父母一方不明或者查找不到的，可以单方送养。

第一千零九十八条 【收养人条件】收养人应当同时具备下列条件：

（一）无子女或者只有一名子女；

（二）有抚养、教育和保护被收养人的能力；

（三）未患有在医学上认为不应当收养子女的疾病；

（四）无不利于被收养人健康成长的违法犯罪记录；

（五）年满三十周岁。

第一千零九十九条 【三代以内同辈旁系血亲的收养】收养三代以内旁系同辈血亲的子女，可以不受本法第一千零九十三条第三项、第一千零九十四条第三项和第一千一百零二条规定的限制。

华侨收养三代以内旁系同辈血亲的子女，还可以不受本法第一千零九十八条第一项规定的限制。

第一千一百条 【收养人收养子女数量】无子女的收养人可以

收养两名子女；有子女的收养人只能收养一名子女。

收养孤儿、残疾未成年人或者儿童福利机构抚养的查找不到生父母的未成年人，可以不受前款和本法第一千零九十八条第一项规定的限制。

第一千一百零一条 【共同收养】有配偶者收养子女，应当夫妻共同收养。

第一千一百零二条 【无配偶者收养异性子女的限制】无配偶者收养异性子女的，收养人与被收养人的年龄应当相差四十周岁以上。

第一千一百零三条 【收养继子女的特别规定】继父或者继母经继子女的生父母同意，可以收养继子女，并可以不受本法第一千零九十三条第三项、第一千零九十四条第三项、第一千零九十八条和第一千一百条第一款规定的限制。

第一千一百零四条 【收养自愿原则】收养人收养与送养人送养，应当双方自愿。收养八周岁以上未成年人的，应当征得被收养人的同意。

第一千一百零五条 【收养登记、收养协议、收养公证及收养评估】收养应当向县级以上人民政府民政部门登记。收养关系自登记之日起成立。

收养查找不到生父母的未成年人的，办理登记的民政部门应当在登记前予以公告。

收养关系当事人愿意签订收养协议的，可以签订收养协议。

收养关系当事人各方或者一方要求办理收养公证的，应当办理收养公证。

县级以上人民政府民政部门应当依法进行收养评估。

第一千一百零六条 【收养后的户口登记】收养关系成立后，公安机关应当按照国家有关规定为被收养人办理户口登记。

第一千一百零七条 【亲属、朋友的抚养】孤儿或者生父母无力抚养的子女，可以由生父母的亲属、朋友抚养；抚养人与被抚养人的关系不适用本章规定。

第一千一百零八条 【祖父母、外祖父母优先抚养权】配偶一方死亡，另一方送养未成年子女的，死亡一方的父母有优先抚养的权利。

第一千一百零九条 【涉外收养】外国人依法可以在中华人民共和国收养子女。

外国人在中华人民共和国收养子女，应当经其所在国主管机关依照该国法律审查同意。收养人应当提供由其所在国有权机构出具的有关其年龄、婚姻、职业、财产、健康、有无受过刑事处罚等状况的证明材料，并与送养人签订书面协议，亲自向省、自治区、直辖市人民政府民政部门登记。

前款规定的证明材料应当经收养人所在国外交机关或者外交机关授权的机构认证，并经中华人民共和国驻该国使领馆认证，但是国家另有规定的除外。

第一千一百一十条 【保守收养秘密】收养人、送养人要求保守收养秘密的，其他人应当尊重其意愿，不得泄露。

第二节　收养的效力

第一千一百一十一条　【收养的效力】自收养关系成立之日起，养父母与养子女间的权利义务关系，适用本法关于父母子女关系的规定；养子女与养父母的近亲属间的权利义务关系，适用本法关于子女与父母的近亲属关系的规定。

养子女与生父母以及其他近亲属间的权利义务关系，因收养关系的成立而消除。

第一千一百一十二条　【养子女的姓氏】养子女可以随养父或者养母的姓氏，经当事人协商一致，也可以保留原姓氏。

第一千一百一十三条　【收养行为的无效】有本法第一编关于民事法律行为无效规定情形或者违反本编规定的收养行为无效。

无效的收养行为自始没有法律约束力。

第三节　收养关系的解除

第一千一百一十四条　【收养关系的协议解除与诉讼解除】收养人在被收养人成年以前，不得解除收养关系，但是收养人、送养人双方协议解除的除外。养子女八周岁以上的，应当征得本人同意。

收养人不履行抚养义务，有虐待、遗弃等侵害未成年养子女合法权益行为的，送养人有权要求解除养父母与养子女间的收养关系。送养人、收养人不能达成解除收养关系协议的，可以向人民法院提起诉讼。

第一千一百一十五条 【养父母与成年养子女解除收养关系】 养父母与成年养子女关系恶化、无法共同生活的，可以协议解除收养关系。不能达成协议的，可以向人民法院提起诉讼。

第一千一百一十六条 【解除收养关系的登记】 当事人协议解除收养关系的，应当到民政部门办理解除收养关系登记。

第一千一百一十七条 【收养关系解除的法律后果】 收养关系解除后，养子女与养父母以及其他近亲属间的权利义务关系即行消除，与生父母以及其他近亲属间的权利义务关系自行恢复。但是，成年养子女与生父母以及其他近亲属间的权利义务关系是否恢复，可以协商确定。

第一千一百一十八条 【收养关系解除后生活费、抚养费支付】 收养关系解除后，经养父母抚养的成年养子女，对缺乏劳动能力又缺乏生活来源的养父母，应当给付生活费。因养子女成年后虐待、遗弃养父母而解除收养关系的，养父母可以要求养子女补偿收养期间支出的抚养费。

生父母要求解除收养关系的，养父母可以要求生父母适当补偿收养期间支出的抚养费；但是，因养父母虐待、遗弃养子女而解除收养关系的除外。

……

附　　则

第一千二百五十九条 【与期间计算有关的术语】 民法所称的“以上”、“以下”、“以内”、“届满”，包括本数；所称的“不满”、“超过”、“以外”，不包括本数。

第一千二百六十条 【施行日期】本法自 2021 年 1 月 1 日起施行。《中华人民共和国婚姻法》、《中华人民共和国继承法》、《中华人民共和国民法通则》、《中华人民共和国收养法》、《中华人民共和国担保法》、《中华人民共和国合同法》、《中华人民共和国物权法》、《中华人民共和国侵权责任法》、《中华人民共和国民法总则》同时废止。

民法典婚姻家庭编与相关规定对照表

（左栏删除线部分为删除的内容，右栏黑体部分为增加的内容，两栏下划线部分为修改的内容）

相关法律规定	民法典婚姻家庭编
	第五编　婚姻家庭
	第一章　一般规定
《婚姻法》[①] **第一条**　本法是婚姻家庭~~关系的基本准则~~。	**第一千零四十条**　本编调**整因**婚姻家庭**产生的民事关系**。
第二条　实行婚姻自由、一夫一妻、男女平等的婚姻制度。 保护妇女、儿童和老人的合法权益。 ~~实行计划生育。~~	**第一千零四十一条**　婚姻家庭受国家保护。 实行婚姻自由、一夫一妻、男女平等的婚姻制度。 保护妇女、未成年人、老年人、**残疾人**的合法权益。

① 对照表左侧列中，没有特别标注法名的，内容为《婚姻法》条文。

相关法律规定	民法典婚姻家庭编
第三条　禁止包办、买卖婚姻和其他干涉婚姻自由的行为。禁止借婚姻索取财物。 禁止重婚。禁止有配偶者与他人同居。禁止家庭暴力。禁止家庭成员间的虐待和遗弃。	**第一千零四十二条**　禁止包办、买卖婚姻和其他干涉婚姻自由的行为。禁止借婚姻索取财物。 禁止重婚。禁止有配偶者与他人同居。 禁止家庭暴力。禁止家庭成员间的虐待和遗弃。
第四条　夫妻应当互相忠实，互相尊重；家庭成员间应当敬老爱幼，互相帮助，维护平等、和睦、文明的婚姻家庭关系。	**第一千零四十三条　家庭应当树立优良家风，弘扬家庭美德，重视家庭文明建设。** 夫妻应当互相忠实，互相尊重，**互相关爱；**家庭成员应当敬老爱幼，互相帮助，维护平等、和睦、文明的婚姻家庭关系。
《收养法》 **第一条**　为保护合法的收养关系，维护收养关系当事人的权利，制定本法。	**第一千零四十四条　收养应当遵循最有利于被收养人的原则，保障被收养人和收养人的合法权益。** **禁止借收养名义买卖未成年人。**

相关法律规定	民法典婚姻家庭编
《民通意见》 12. 民法通则中规定的近亲属，包括配偶、父母、子女、兄弟姐妹、祖父母、外祖父母、孙子女、外孙子女。	**第一千零四十五条**　**亲属包括配偶、血亲和姻亲。** 配偶、父母、子女、兄弟姐妹、祖父母、外祖父母、孙子女、外孙子女为近亲属。 **配偶、父母、子女和其他共同生活的近亲属为家庭成员。**
	第二章　结婚
第五条　结婚必须男女双方完全自愿，不许任何一方对他方加以强迫或任何第三者加以干涉。	**第一千零四十六条**　结婚应当男女双方完全自愿，禁止任何一方对另一方加以强迫，**禁止任何**组织或者个人加以干涉。
第六条　结婚年龄，男不得早于二十二周岁，女不得早于二十周岁。~~晚婚晚育应予鼓励。~~	**第一千零四十七条**　结婚年龄，男不得早于二十二周岁，女不得早于二十周岁。
第七条　~~有下列情形之一的，~~禁止结婚： ~~（一）~~直系血亲和三代以内的旁系血亲~~；~~ ~~（二）患有医学上认为不应当结婚的疾病。~~	**第一千零四十八条**　直系血亲或者三代以内的旁系血亲禁止结婚。

相关法律规定	民法典婚姻家庭编
第八条 要求结婚的男女双方必须亲自到婚姻登记机关进行结婚登记。符合本法规定的，予以登记，发给结婚证。取得结婚证，即确立夫妻关系。未办理结婚登记的，应当补办登记。	**第一千零四十九条** 要求结婚的男女双方应当亲自到婚姻登记机关申请结婚登记。符合本法规定的，予以登记，发给结婚证。完成结婚登记，即确立婚姻关系。未办理结婚登记的，应当补办登记。
第九条 登记结婚后，根据男女双方约定，女方可以成为男方家庭的成员，男方可以成为女方家庭的成员。	**第一千零五十条** 登记结婚后，按照男女双方约定，女方可以成为男方家庭的成员，男方可以成为女方家庭的成员。
第十条 有下列情形之一的，婚姻无效： （一）重婚~~的~~； （二）有禁止结婚的亲属关系~~的~~； ~~（三）婚前患有医学上认为不应当结婚的疾病，婚后尚未治愈的；~~ （四）未到法定婚龄~~的~~。	**第一千零五十一条** 有下列情形之一的，婚姻无效： （一）重婚； （二）有禁止结婚的亲属关系； （三）未到法定婚龄。

相关法律规定	民法典婚姻家庭编
第十一条 因胁迫结婚的，受胁迫的一方可以向~~婚姻登记机关或~~人民法院请求撤销~~该~~婚姻。受胁迫的一方撤销婚姻的请求，应当自~~结婚登记~~之日起一年内提出。被非法限制人身自由的当事人请求撤销婚姻的，应当自恢复人身自由之日起一年内提出。	**第一千零五十二条** 因胁迫结婚的，受胁迫的一方可以向人民法院请求撤销婚姻。 请求撤销婚姻的，应当自**胁迫行为终止**之日起一年内提出。 被非法限制人身自由的当事人请求撤销婚姻的，应当自恢复人身自由之日起一年内提出。
	第一千零五十三条 一方患有重大疾病的，应当在结婚登记前如实告知另一方；不如实告知的，另一方可以向人民法院请求撤销婚姻。 **请求撤销婚姻的，应当自知道或者应当知道撤销事由之日起一年内提出。**
第十二条 无效或被撤销的婚姻，自始无效。当事人不具有夫妻的权利和义务。同居期间所得的财产，由当事人协	**第一千零五十四条** 无效的或者被撤销的婚姻自始没有法律约束力，当事人不具有夫妻的权利和义务。同居期间所

相关法律规定	民法典婚姻家庭编
议处理；协议不成时，由人民法院根据照顾无过错方的原则判决。对重婚导致的婚姻无效的财产处理，不得侵害合法婚姻当事人的财产权益。当事人所生的子女，适用本法有关父母子女的规定。	得的财产，由当事人协议处理；协议不成的，由人民法院根据照顾无过错方的原则判决。对重婚导致的无效婚姻的财产处理，不得侵害合法婚姻当事人的财产权益。当事人所生的子女，适用本法关于父母子女的规定。 **婚姻无效或者被撤销的，无过错方有权请求损害赔偿。**
	第三章　家庭关系
	第一节　夫妻关系
第十三条　夫妻在家庭中地位平等。	**第一千零五十五条**　夫妻在**婚姻**家庭中地位平等。
第十四条　夫妻双方都有各用自己姓名的权利。	**第一千零五十六条**　夫妻双方都有各自使用自己姓名的权利。
第十五条　夫妻双方都有参加生产、工作、学习和社会活动的自由，一方不得对他方加以限制或干涉。	**第一千零五十七条**　夫妻双方都有参加生产、工作、学习和社会活动的自由，一方不得对另一方加以限制或者干涉。

相关法律规定	民法典婚姻家庭编
第二十一条第一款　父母对子女有抚养教育的义务；子女对父母有赡养扶助的义务。	第一千零五十八条　夫妻双方平等享有对未成年子女抚养、教育和保护的权利，共同承担对未成年子女抚养、教育和保护的义务。
第二十条　夫妻有互相扶养的义务。 一方不履行扶养义务时，需要扶养的一方，有要求对方付给扶养费的权利。	第一千零五十九条　夫妻有相互扶养的义务。 需要扶养的一方，在另一方不履行扶养义务时，有要求其给付扶养费的权利。
《最高人民法院关于适用〈中华人民共和国婚姻法〉若干问题的解释（一）》 第十七条　婚姻法第十七条关于“夫妻对夫妻共同所有的财产，有平等的处理权”的规定，应当理解为： （一）夫或妻在处理夫妻共同财产上的权利是平等的。因日常生活需要而处理夫妻共同财产的，任何一方均有权决定。	第一千零六十条　夫妻一方因家庭日常生活需要而实施的民事法律行为，对夫妻双方发生效力，但是夫妻一方与相对人另有约定的除外。 夫妻之间对一方可以实施的民事法律行为范围的限制，不得对抗善意相对人。

相关法律规定	民法典婚姻家庭编
（二）夫或妻非因日常生活需要对夫妻共同财产做重要处理决定，夫妻双方应当平等协商，取得一致意见。他人有理由相信其为夫妻双方共同意思表示的，另一方不得以不同意或不知道为由对抗善意第三人。	
第二十四条第一款 夫妻有相互继承遗产的权利。	**第一千零六十一条** 夫妻有相互继承遗产的权利。
第十七条 夫妻在婚姻关系存续期间所得的下列财产，归夫妻共同所有： （一）工资、奖金； （二）生产、经营的收益； （三）知识产权的收益； （四）继承或赠与所得的财产，但本法第十八条第三项规定的除外； （五）其他应当归共同所有的财产。 夫妻对共同~~所有的~~财产，有平等的处理权。	**第一千零六十二条** 夫妻在婚姻关系存续期间所得的下列财产，**为夫妻的共同财产**，归夫妻共同所有： （一）工资、奖金、**劳务报酬**； （二）生产、经营、**投资**的收益； （三）知识产权的收益； （四）继承或者受赠的财产，但是本法第一千零六十三条第三项规定的除外； （五）其他应当归共同所有的财产。

相关法律规定	民法典婚姻家庭编
	夫妻对共同财产，有平等的处理权。
第十八条 有下列~~情形之一的，~~为夫妻一方的财产： （一）一方的婚前财产； （二）一方因身体受到伤害获得的医疗费、残疾人生活补助费等费用； （三）遗嘱或赠与合同中确定只归~~夫或妻~~一方的财产； （四）一方专用的生活用品； （五）其他应当归一方的财产。	**第一千零六十三条** 下列**财产**为夫妻一方的**个人**财产： （一）一方的婚前财产； （二）一方因受到人身损害获得的赔偿或者补偿； （三）遗嘱或者赠与合同中确定只归一方的财产； （四）一方专用的生活用品； （五）其他应当归一方的财产。
《最高人民法院关于审理涉及夫妻债务纠纷案件适用法律有关问题的解释》 **第一条** 夫妻双方共同签字或者夫妻一方事后追认等共同意思表示所负的债务~~，应当认定为夫妻共同债务~~。	**第一千零六十四条** 夫妻双方共同签名或者夫妻一方事后追认等共同意思表示所负的债务，**以及**夫妻一方在婚姻关系存续期间以个人名义为家庭日常生活需要所负的债务，属于夫妻共同债务。

相关法律规定	民法典婚姻家庭编
第二条 夫妻一方在婚姻关系存续期间以个人名义为家庭日常生活需要所负的债务，债权人以属于夫妻共同债务为由主张权利的，人民法院应予支持。 **第三条** 夫妻一方在婚姻关系存续期间以个人名义超出家庭日常生活需要所负的债务，债权人以属于夫妻共同债务为由主张权利的，人民法院不予支持，但债权人能够证明该债务用于夫妻共同生活、共同生产经营或者基于夫妻双方共同意思表示的除外。	夫妻一方在婚姻关系存续期间以个人名义超出家庭日常生活需要所负的债务，不属于夫妻共同债务；但是，债权人能够证明该债务用于夫妻共同生活、共同生产经营或者基于夫妻双方共同意思表示的除外。
第十九条 夫妻可以约定婚姻关系存续期间所得的财产以及婚前财产归各自所有、共同所有或部分各自所有、部分共同所有。约定应当采用书面形式。没有约定或约定不明确	**第一千零六十五条** 男女双方可以约定婚姻关系存续期间所得的财产以及婚前财产归各自所有、共同所有或者部分各自所有、部分共同所有。约定应当采用书面形式。没有约

相关法律规定	民法典婚姻家庭编
的，适用本法第十七条、第十八条的规定。 夫妻对婚姻关系存续期间所得的财产以及婚前财产的约定，对双方具有约束力。 夫妻对婚姻关系存续期间所得的财产约定归各自所有的，夫或妻一方对外所负的债务，第三人知道该约定的，以夫或妻一方所有的财产清偿。	定或者约定不明确的，适用本法第一千零六十二条、第一千零六十三条的规定。 夫妻对婚姻关系存续期间所得的财产以及婚前财产的约定，对双方具有**法律**约束力。 夫妻对婚姻关系存续期间所得的财产约定归各自所有，夫或者妻一方对外所负的债务，相对人知道该约定的，以夫或者妻一方的个人财产清偿。
《最高人民法院关于适用〈中华人民共和国婚姻法〉若干问题的解释（三）》 **第四条** 婚姻关系存续期间，夫妻一方请求分割共同财产的，人民法院不予支持，但有下列重大理由且不损害债权人利益的除外：	**第一千零六十六条** 婚姻关系存续期间，有下列情形之一的，夫妻一方可以向人民法院请求分割共同财产： （一）一方有隐藏、转移、变卖、毁损、挥霍夫妻共同财产或者伪造夫妻共同债务等严重损害夫妻共同财产利益的行为；

相关法律规定	民法典婚姻家庭编
（一）一方有隐藏、转移、变卖、毁损、挥霍夫妻共同财产或者伪造夫妻共同债务等严重损害夫妻共同财产利益行为的； （二）一方负有法定扶养义务的人患重大疾病需要医治，另一方不同意支付相关医疗费用的。	（二）一方负有法定扶养义务的人患重大疾病需要医治，另一方不同意支付相关医疗费用。
	第二节　父母子女关系和其他近亲属关系
第二十一条　~~父母对子女有抚养教育的义务；子女对父母有赡养扶助的义务。~~ 父母不履行抚养义务时，未成年~~的~~或不能独立生活的子女，有要求父母付给抚养费的权利。 子女不履行赡养义务时，无劳动能力~~的~~或生活困难的父母，有要求子女付给赡养费的权利。 ~~禁止溺婴、弃婴和其他残害婴儿的行为。~~	**第一千零六十七条**　父母不履行抚养义务的，未成年**子女**或者不能独立生活的**成年**子女，有要求父母给付抚养费的权利。 **成年**子女不履行赡养义务的，缺乏劳动能力或者生活困难的父母，有要求**成年**子女给付赡养费的权利。

相关法律规定	民法典婚姻家庭编
第二十三条 父母有保护和教育未成年子女的权利和义务。在未成年子女对国家、集体或他人造成损害时，父母有承担民事责任的义务。	**第一千零六十八条** 父母有教育、保护未成年子女的权利和义务。未成年子女造成他人损害的，父母**应当依法**承担民事责任。
第三十条 子女应当尊重父母的婚姻权利，不得干涉父母再婚以及婚后的生活。子女对父母的赡养义务，不因父母的婚姻关系变化而终止。	**第一千零六十九条** 子女应当尊重父母的婚姻权利，不得干涉父母**离婚、**再婚以及婚后的生活。子女对父母的赡养义务，不因父母的婚姻关系变化而终止。
第二十四条第二款 父母和子女有相互继承遗产的权利。	**第一千零七十条** 父母和子女有相互继承遗产的权利。
第二十五条 非婚生子女享有与婚生子女同等的权利，任何人不得加以危害和歧视。 不直接抚养非婚生子女的生父或生母，应当负担子女的生活费和教育费，直至子女能独立生活为止。	**第一千零七十一条** 非婚生子女享有与婚生子女同等的权利，任何组织或者个人不得加以危害和歧视。 不直接抚养非婚生子女的生父或者生母，应当负担**未成年子女或者不能独立生活的成年子女的抚养费。**

相关法律规定	民法典婚姻家庭编
第二十七条 继父母与继子女间，不得虐待或歧视。 继父或继母和受其抚养教育的继子女间的权利和义务，适用本法对父母子女关系的有关规定。	**第一千零七十二条** 继父母与继子女间，不得虐待或者歧视。 继父或者继母和受其抚养教育的继子女间的权利义务**关系**，适用本法关于父母子女关系的规定。
	第一千零七十三条 对亲子关系有异议且有正当理由的，父或者母可以向人民法院提起诉讼，请求确认或者否认亲子关系。 **对亲子关系有异议且有正当理由的，成年子女可以向人民法院提起诉讼，请求确认亲子关系。**
第二十八条 有负担能力的祖父母、外祖父母，对于父母已经死亡或父母无力抚养的未成年的孙子女、外孙子女，有抚养的义务。有负担能力的	**第一千零七十四条** 有负担能力的祖父母、外祖父母，对于父母已经死亡或者父母无力抚养的未成年孙子女、外孙子女，有抚养的义务。

相关法律规定	民法典婚姻家庭编
孙子女、外孙子女，对于子女已经死亡或子女无力赡养的祖父母、外祖父母，有赡养的义务。	有负担能力的孙子女、外孙子女，对于子女已经死亡或者子女无力赡养的祖父母、外祖父母，有赡养的义务。
第二十九条 有负担能力的兄、姐，对于父母已经死亡或父母无力抚养的未成年~~的~~弟、妹，有扶养的义务。由兄、姐扶养长大的有负担能力的弟、妹，对于缺乏劳动能力又缺乏生活来源的兄、姐，有扶养的义务。	**第一千零七十五条** 有负担能力的兄、姐，对于父母已经死亡或者父母无力抚养的未成年弟、妹，有扶养的义务。 由兄、姐扶养长大的有负担能力的弟、妹，对于缺乏劳动能力又缺乏生活来源的兄、姐，有扶养的义务。
	第四章 离婚
第三十一条 男女双方自愿离婚的，~~准予离婚。双方必须~~到婚姻登记机关申请离婚。~~婚姻登记机关查明双方确实是自愿并对子女和财产问题已有适当处理时，发给离婚证。~~	**第一千零七十六条** 夫妻双方自愿离婚的，**应当签订书面离婚协议，并亲自**到婚姻登记机关申请离婚登记。 **离婚协议应当载明双方自愿离婚的意思表示和对子女抚养、财产以及债务处理等事项协商一致的意见。**

相关法律规定	民法典婚姻家庭编
	第一千零七十七条　自婚姻登记机关收到离婚登记申请之日起三十日内，任何一方不愿意离婚的，可以向婚姻登记机关撤回离婚登记申请。 **前款规定期限届满后三十日内，双方应当亲自到婚姻登记机关申请发给离婚证；未申请的，视为撤回离婚登记申请。**
第三十一条　男女双方自愿离婚的，准予离婚。双方必须到婚姻登记机关申请离婚。婚姻登记机关查明双方确实是自愿并对子女和财产问题已有适当处理时，发给离婚证。	**第一千零七十八条**　婚姻登记机关查明双方确实是自愿离婚，并已经对子女抚养、财产以及债务处理等事项协商一致的，予以登记，发给离婚证。
第三十二条　男女一方要求离婚的，可由有关部门进行调解或直接向人民法院提出离婚诉讼。 人民法院审理离婚案件，应当进行调解；如感情确已破裂，调解无效，应准予离婚。	**第一千零七十九条**　夫妻一方要求离婚的，可以由有关组织进行调解或者直接向人民法院提起离婚诉讼。 人民法院审理离婚案件，应当进行调解；如果感情确已破裂，调解无效的，应当准予离婚。

相关法律规定	民法典婚姻家庭编
有下列情形之一，调解无效的，应准予离婚： （一）重婚或~~有配偶者~~与他人同居~~的~~； （二）实施家庭暴力或虐待、遗弃家庭成员~~的~~； （三）有赌博、吸毒等恶习屡教不改~~的~~； （四）因感情不和分居满二年~~的~~； （五）其他导致夫妻感情破裂的情形。 一方被宣告失踪，另一方提出离婚诉讼的，应准予离婚。	有下列情形之一，调解无效的，应当准予离婚： （一）重婚或者与他人同居； （二）实施家庭暴力或者虐待、遗弃家庭成员； （三）有赌博、吸毒等恶习屡教不改； （四）因感情不和分居满二年； （五）其他导致夫妻感情破裂的情形。 一方被宣告失踪，另一方提起离婚诉讼的，应当准予离婚。 **经人民法院判决不准离婚后，双方又分居满一年，一方再次提起离婚诉讼的，应当准予离婚。**
	第一千零八十条　完成离婚登记，或者离婚判决书、调解书生效，即解除婚姻关系。

相关法律规定	民法典婚姻家庭编
第三十三条 现役军人的配偶要求离婚，须得军人同意，但军人一方有重大过错的除外。	**第一千零八十一条** 现役军人的配偶要求离婚，应当征得军人同意，但是军人一方有重大过错的除外。
第三十四条 女方在怀孕期间、分娩后一年内或中止妊娠后六个月内，男方不得提出离婚。女方提出离婚的，或人民法院认为确有必要受理男方离婚请求的，不在此限。	**第一千零八十二条** 女方在怀孕期间、分娩后一年内或者终止妊娠后六个月内，男方不得提出离婚；**但是**，女方提出离婚或者人民法院认为确有必要受理男方离婚请求的除外。
第三十五条 离婚后，男女双方自愿恢复夫妻关系的，必须到婚姻登记机关进行复婚登记。	**第一千零八十三条** 离婚后，男女双方自愿恢复婚姻关系的，应当到婚姻登记机关**重新**进行**结婚**登记。
第三十六条 父母与子女间的关系，不因父母离婚而消除。离婚后，子女无论由父或母直接抚养，仍是父母双方的子女。 离婚后，父母对于子女仍有抚养和教育的权利和义务。	**第一千零八十四条** 父母与子女间的关系，不因父母离婚而消除。离婚后，子女无论由父或者母直接抚养，仍是父母双方的子女。 离婚后，父母对于子女仍有抚养、教育、**保护**的权利和义务。

相关法律规定	民法典婚姻家庭编
离婚后，~~哺乳期内的子女，以随哺乳的母亲抚养为原则。哺乳期后的子女，如双方因抚养问题发生争执不能达成协议时，由人民法院根据子女的权益和双方的具体情况~~判决。	离婚后，**不满两周岁的子女，以由母亲直接抚养为原则。已满两周岁的子女，父母双方对抚养问题协议不成的，由人民法院根据双方的具体情况，按照最有利于未成年子女的原则**判决。**子女已满八周岁的，应当尊重其真实意愿。**
第三十七条　离婚后，一方抚养的子女，另一方应负担~~必要的生活费和教育费的一部或~~全部，负担费用的多少和期限的长短，由双方协议；协议不成时，由人民法院判决。 关于子女生活费和教育费的协议或判决，不妨碍子女在必要时向父母任何一方提出超过协议或判决原定数额的合理要求。	**第一千零八十五条**　离婚后，子女由一方直接抚养的，另一方应当负担**部分或者**全部**抚养费**。负担费用的多少和期限的长短，由双方协议；协议不成的，由人民法院判决。 前款规定的协议或者判决，不妨碍子女在必要时向父母任何一方提出超过协议或者判决原定数额的合理要求。

相关法律规定	民法典婚姻家庭编
第三十八条　离婚后，不直接抚养子女的父或母，有探望子女的权利，另一方有协助的义务。 行使探望权利的方式、时间由当事人协议；协议不成时，由人民法院判决。 父或母探望子女，不利于子女身心健康的，由人民法院依法中止探望~~的权利~~；中止的事由消失后，应当恢复探望~~的权利~~。	**第一千零八十六条**　离婚后，不直接抚养子女的父或者母，有探望子女的权利，另一方有协助的义务。 行使探望权利的方式、时间由当事人协议；协议不成的，由人民法院判决。 父或者母探望子女，不利于子女身心健康的，由人民法院依法中止探望；中止的事由消失后，应当恢复探望。
第三十九条　离婚时，夫妻的共同财产由双方协议处理；协议不成时，由人民法院根据财产的具体情况，照顾子女和女方权益的原则判决。 夫或妻在家庭土地承包经营中享有的权益等，应当依法予以保护。	**第一千零八十七条**　离婚时，夫妻的共同财产由双方协议处理；协议不成的，由人民法院根据财产的具体情况，**按照**照顾子女、女方**和无过错方**权益的原则判决。 **对**夫或者妻在家庭土地承包经营中享有的权益等，应当依法予以保护。

相关法律规定	民法典婚姻家庭编
第四十条 ~~夫妻书面约定婚姻关系存续期间所得的财产归各自所有，~~一方因抚育子女、照料老人、协助另一方工作等付出较多义务的，离婚时有权向另一方请求补偿，另一方应当予以补偿。	**第一千零八十八条** 夫妻一方因抚育子女、照料老年人、协助另一方工作等负担较多义务的，离婚时有权向另一方请求补偿，另一方应当给予补偿。**具体办法由双方协议；协议不成的，由人民法院判决。**
第四十一条 离婚时，~~原为夫妻共同生活所负的债务，~~应当共同偿还。共同财产不足清偿~~的~~，或财产归各自所有的，由双方协议清偿；协议不成时，由人民法院判决。	**第一千零八十九条** 离婚时，**夫妻共同债务**应当共同偿还。共同财产不足清偿或者财产归各自所有的，由双方协议清偿；协议不成的，由人民法院判决。
第四十二条 离婚时，如一方生活困难，另一方应~~从其住房等个人财产中~~给予适当帮助。具体办法由双方协议；协议不成时，由人民法院判决。	**第一千零九十条** 离婚时，如果一方生活困难，**有负担能力的**另一方应当给予适当帮助。具体办法由双方协议；协议不成的，由人民法院判决。
第四十六条 有下列情形之一，导致离婚的，无过错方有权请求损害赔偿：	**第一千零九十一条** 有下列情形之一，导致离婚的，无过错方有权请求损害赔偿：

相关法律规定	民法典婚姻家庭编
（一）重婚的； （二）~~有配偶者~~与他人同居~~的~~； （三）实施家庭暴力~~的~~； （四）虐待、遗弃家庭成员~~的~~。	（一）重婚； （二）与他人同居； （三）实施家庭暴力； （四）虐待、遗弃家庭成员； （五）有其他重大过错。
第四十七条 ~~离婚时，~~一方隐藏、转移、变卖、毁损夫妻共同财产，或伪造债务企图侵占另一方财产的，分割夫妻共同财产时，对隐藏、转移、变卖、毁损夫妻共同财产或伪造债务的一方，可以少分或不分。离婚后，另一方发现有上述行为的，可以向人民法院提起诉讼，请求再次分割夫妻共同财产。 ~~人民法院对前款规定的妨害民事诉讼的行为，依照民事诉讼法的规定予以制裁。~~	**第一千零九十二条** 夫妻一方隐藏、转移、变卖、毁损、**挥霍**夫妻共同财产，或者伪造**夫妻共同**债务企图侵占另一方财产的，**在离婚**分割夫妻共同财产时，对该方可以少分或者不分。离婚后，另一方发现有上述行为的，可以向人民法院提起诉讼，请求再次分割夫妻共同财产。
	第五章 收养
	第一节 收养关系的成立

相关法律规定	民法典婚姻家庭编
《收养法》 **第四条**　下列~~不满十四周岁的~~未成年人可以被收养： （一）丧失父母的孤儿； （二）查找不到生父母的弃婴和儿童； （三）生父母有特殊困难无力抚养的子女。	**第一千零九十三条**　下列未成年人，可以被收养： （一）丧失父母的孤儿； （二）查找不到生父母的未成年人； （三）生父母有特殊困难无力抚养的子女。
《收养法》 **第五条**　下列公民、组织可以作送养人： （一）孤儿的监护人； （二）社会福利机构； （三）有特殊困难无力抚养子女的生父母。	**第一千零九十四条**　下列个人、组织可以作送养人： （一）孤儿的监护人； （二）儿童福利机构； （三）有特殊困难无力抚养子女的生父母。
《收养法》 **第十二条**　未成年人的父母均不具备完全民事行为能力的，该未成年人的监护人~~不得将其送养，但父母对该未成年人有严重危害可能的除外~~。	**第一千零九十五条**　未成年人的父母均不具备完全民事行为能力**且可能严重危害该未成年人**的，该未成年人的监护人**可以将其送养**。

相关法律规定	民法典婚姻家庭编
《收养法》 **第十三条** 监护人送养~~未成年~~孤儿的，须征得有抚养义务的人同意。有抚养义务的人不同意送养、监护人不愿意继续履行监护职责的，应当依照《中华人民共和国民法通则》的规定变更监护人。	**第一千零九十六条** 监护人送养孤儿的，应当征得有抚养义务的人同意。有抚养义务的人不同意送养、监护人不愿意继续履行监护职责的，应当依照本法第一编的规定另行确定监护人。
《收养法》 **第十条第一款** 生父母送养子女，须双方共同送养。生父母一方不明或者查找不到的可以单方送养。	**第一千零九十七条** 生父母送养子女，应当双方共同送养。生父母一方不明或者查找不到的，可以单方送养。
《收养法》 **第六条** 收养人应当同时具备下列条件： （一）无子女； （二）有抚养教育被收养人的能力； （三）未患有在医学上认为不应当收养子女的疾病；	**第一千零九十八条** 收养人应当同时具备下列条件： （一）无子女**或者只有一名子女**； （二）有抚养、教育**和保护**被收养人的能力； （三）未患有在医学上认为不应当收养子女的疾病；

相关法律规定	民法典婚姻家庭编
（四）年满三十周岁。	**（四）无不利于被收养人健康成长的违法犯罪记录；** （五）年满三十周岁。
《收养法》 **第七条** 收养三代以内同辈旁系血亲的子女，可以不受本法第四条第三项、第五条第三项、第九条和被收养人不满十四周岁的限制。 华侨收养三代以内同辈旁系血亲的子女，还可以不受收养人无子女的限制。	**第一千零九十九条** 收养三代以内旁系同辈血亲的子女，可以不受本法第一千零九十三条第三项、第一千零九十四条第三项和第一千一百零二条**规定**的限制。 华侨收养三代以内旁系同辈血亲的子女，还可以不受**本法第一千零九十八条第一项规定**的限制。
《收养法》 **第八条** ~~收养人只能收养一名子女。~~ 收养孤儿、残疾~~儿童~~或者社会福利机构抚养的查找不到生父母的~~弃婴和儿童~~，可以不受~~收养人无子女和收养一名~~的限制。	**第一千一百条** **无子女的收养人可以收养两名子女；有子女的收养人只能收养一名子女。** 收养孤儿、残疾**未成年人**或者儿童福利机构抚养的查找不到生父母的**未成年人**，可以不受**前款和本法第一千零九十八条第一项规定**的限制。

相关法律规定	民法典婚姻家庭编
《收养法》 **第十条第二款** 有配偶者收养子女，须夫妻共同收养。	**第一千一百零一条** 有配偶者收养子女，应当夫妻共同收养。
《收养法》 **第九条** ~~无配偶的男性收养女性的~~，收养人与被收养人的年龄应当相差四十周岁以上。	**第一千一百零二条** **无配偶者收养异性子女的**，收养人与被收养人的年龄应当相差四十周岁以上。
《收养法》 **第十四条** 继父或者继母经继子女的生父母同意，可以收养继子女，并可以不受本法第四条第三项、第五条第三项、第六条和被收养人不满十四周岁以及收养一名的限制。	**第一千一百零三条** 继父或者继母经继子女的生父母同意，可以收养继子女，并可以不受本法第一千零九十三条第三项、第一千零九十四条第三项、第一千零九十八条和第一千一百条第一款**规定**的限制。
《收养法》 **第十一条** 收养人收养与送养人送养，须双方自愿。收养~~年满~~十周岁以上未成年人的，应当征得被收养人的同意。	**第一千一百零四条** 收养人收养与送养人送养，应当双方自愿。收养八周岁以上未成年人的，应当征得被收养人的同意。

相关法律规定	民法典婚姻家庭编
《收养法》 **第十五条**　收养应当向县级以上人民政府民政部门登记。收养关系自登记之日起成立。 收养查找不到生父母的~~弃婴和儿童~~的，办理登记的民政部门应当在登记前予以公告。 收养关系当事人愿意订立收养协议的，可以订立收养协议。 收养关系当事人各方或者一方要求办理收养公证的，应当办理收养公证。	**第一千一百零五条**　收养应当向县级以上人民政府民政部门登记。收养关系自登记之日起成立。 收养查找不到生父母的**未成年人**的，办理登记的民政部门应当在登记前予以公告。 收养关系当事人愿意签订收养协议的，可以签订收养协议。 收养关系当事人各方或者一方要求办理收养公证的，应当办理收养公证。 **县级以上人民政府民政部门应当依法进行收养评估。**
《收养法》 **第十六条**　收养关系成立后，公安部门应当依照国家有关规定为被收养人办理户口登记。	**第一千一百零六条**　收养关系成立后，公安机关应当按照国家有关规定为被收养人办理户口登记。
《收养法》 **第十七条**　孤儿或者生父	**第一千一百零七条**　孤儿或者生父母无力抚养的子女，

相关法律规定	民法典婚姻家庭编
母无力抚养的子女，可以由生父母的亲属、朋友抚养。 抚养人与被抚养人的关系不适用收养关系。	可以由生父母的亲属、朋友抚养；抚养人与被抚养人的关系不适用本章规定。
《收养法》 **第十八条** 配偶一方死亡，另一方送养未成年子女的，死亡一方的父母有优先抚养的权利。	**第一千一百零八条** 配偶一方死亡，另一方送养未成年子女的，死亡一方的父母有优先抚养的权利。
《收养法》 **第二十一条** 外国人依照本法可以在中华人民共和国收养子女。 外国人在中华人民共和国收养子女，应当经其所在国主管机关依照该国法律审查同意。收养人应当提供由其所在国有权机构出具的有关收养人的年龄、婚姻、职业、财产、健康、有无受过刑事处罚等状况的证明材料，该证明材料应当经其所在国外交机关或者外交机关	**第一千一百零九条** 外国人依法可以在中华人民共和国收养子女。 外国人在中华人民共和国收养子女，应当经其所在国主管机关依照该国法律审查同意。收养人应当提供由其所在国有权机构出具的有关其年龄、婚姻、职业、财产、健康、有无受过刑事处罚等状况的证明材料，**并**与送养人签订书面协议，亲自向省、自治区、直辖市人民政府民政部门登记。

相关法律规定	民法典婚姻家庭编
授权的机构认证，并经中华人民共和国驻该国使领馆认证。该收养人应当与送养人订立书面协议，亲自向省级人民政府民政部门登记。	**前款规定的**证明材料应当经收养人所在国外交机关或者外交机关授权的机构认证，并经中华人民共和国驻该国使领馆认证，**但是国家另有规定的除外**。
~~收养关系当事人各方或者一方要求办理收养公证的，应当到国务院司法行政部门认定的具有办理涉外公证资格的公证机构办理收养公证。~~	
《收养法》 **第二十二条** 收养人、送养人要求保守收养秘密的，其他人应当尊重其意愿，不得泄露。	**第一千一百一十条** 收养人、送养人要求保守收养秘密的，其他人应当尊重其意愿，不得泄露。
	第二节 收养的效力
《婚姻法》 **第二十六条** 国家保护合法的收养关系。养父母和养子女间的权利和义务，适用	**第一千一百一十一条** 自收养关系成立之日起，养父母与养子女间的权利义务关系，适用**本法**关于父母子女关系的

相关法律规定	民法典婚姻家庭编
本法对父母子女关系的有关规定。 养子女和生父母间的权利和义务，因收养关系的成立而消除。 **《收养法》** **第二十三条** 自收养关系成立之日起，养父母与养子女间的权利义务关系，适用~~法律~~关于父母子女关系的规定；养子女与养父母的近亲属间的权利义务关系，适用~~法律~~关于子女与父母的近亲属关系的规定。 养子女与生父母及其他近亲属间的权利义务关系，因收养关系的成立而消除。	规定；养子女与养父母的近亲属间的权利义务关系，适用**本法**关于子女与父母的近亲属关系的规定。 养子女与生父母以及其他近亲属间的权利义务关系，因收养关系的成立而消除。
《收养法》 **第二十四条** 养子女可以随养父或者养母的姓，经当事人协商一致，也可以保留原姓。	**第一千一百一十二条** 养子女可以随养父或者养母的姓氏，经当事人协商一致，也可以保留原姓氏。

相关法律规定	民法典婚姻家庭编
《收养法》 **第二十五条** 违反《中华人民共和国民法通则》第五十五条和本法规定的收养行为无法律效力。 收养行为被人民法院确认无效的，从行为开始时起就没有法律效力。	**第一千一百一十三条** 有本法第一编关于民事法律行为无效规定情形或者违反本编规定的收养行为无效。 无效的收养行为自始没有法律约束力。
	第三节 收养关系的解除
《收养法》 **第二十六条** 收养人在被收养人成年以前，不得解除收养关系，但收养人、送养人双方协议解除的除外，养子女年满十周岁以上的，应当征得本人同意。 收养人不履行抚养义务，有虐待、遗弃等侵害未成年养子女合法权益行为的，送养人有权要求解除养父母与养子女间的收养关系。送养人、收养人不能达成解除收养关系协议的，可以向人民法院起诉。	**第一千一百一十四条** 收养人在被收养人成年以前，不得解除收养关系，但是收养人、送养人双方协议解除的除外。养子女八周岁以上的，应当征得本人同意。 收养人不履行抚养义务，有虐待、遗弃等侵害未成年养子女合法权益行为的，送养人有权要求解除养父母与养子女间的收养关系。送养人、收养人不能达成解除收养关系协议的，可以向人民法院提起诉讼。

相关法律规定	民法典婚姻家庭编
《收养法》 **第二十七条** 养父母与成年养子女关系恶化、无法共同生活的，可以协议解除收养关系。不能达成协议的，可以向人民法院起诉。	**第一千一百一十五条** 养父母与成年养子女关系恶化、无法共同生活的，可以协议解除收养关系。不能达成协议的，可以向人民法院提起诉讼。
《收养法》 **第二十八条** 当事人协议解除收养关系的，应当到民政部门办理解除收养关系的登记。	**第一千一百一十六条** 当事人协议解除收养关系的，应当到民政部门办理解除收养关系登记。
《收养法》 **第二十九条** 收养关系解除后，养子女与养父母及其他近亲属间的权利义务关系即行消除，与生父母及其他近亲属间的权利义务关系自行恢复，但成年养子女与生父母及其他近亲属间的权利义务关系是否恢复，可以协商确定。	**第一千一百一十七条** 收养关系解除后，养子女与养父母以及其他近亲属间的权利义务关系即行消除，与生父母以及其他近亲属间的权利义务关系自行恢复。但是，成年养子女与生父母以及其他近亲属间的权利义务关系是否恢复，可以协商确定。

相关法律规定	民法典婚姻家庭编
《收养法》 **第三十条** 收养关系解除后，经养父母抚养的成年养子女，对缺乏劳动能力又缺乏生活来源的养父母，应当给付生活费。因养子女成年后虐待、遗弃养父母而解除收养关系的，养父母可以要求养子女补偿收养期间支出的~~生活费和教育费~~。 生父母要求解除收养关系的，养父母可以要求生父母适当补偿收养期间支出的~~生活费和教育费~~，但因养父母虐待、遗弃养子女而解除收养关系的除外。	**第一千一百一十八条** 收养关系解除后，经养父母抚养的成年养子女，对缺乏劳动能力又缺乏生活来源的养父母，应当给付生活费。因养子女成年后虐待、遗弃养父母而解除收养关系的，养父母可以要求养子女补偿收养期间支出的**抚养费**。 生父母要求解除收养关系的，养父母可以要求生父母适当补偿收养期间支出的**抚养费**；但是，因养父母虐待、遗弃养子女而解除收养关系的除外。

最高人民法院关于适用《中华人民共和国婚姻法》若干问题的解释（一）

（2001年12月25日最高人民法院公告公布　自2001年12月27日起施行　法释〔2001〕30号）

为了正确审理婚姻家庭纠纷案件，根据《中华人民共和国婚姻法》（以下简称婚姻法）、《中华人民共和国民事诉讼法》等法律的规定，对人民法院适用婚姻法的有关问题作出如下解释：

第一条　婚姻法第三条、第三十二条、第四十三条、第四十五条、第四十六条所称的“家庭暴力”，是指行为人以殴打、捆绑、残害、强行限制人身自由或者其他手段，给其家庭成员的身体、精神等方面造成一定伤害后果的行为。持续性、经常性的家庭暴力，构成虐待。

第二条　婚姻法第三条、第三十二条、第四十六条规定的“有配偶者与他人同居”的情形，是指有配偶者与婚外异性，不以夫妻名义，持续、稳定地共同居住。

第三条　当事人仅以婚姻法第四条为依据提起诉讼的，人民法院不予受理；已经受理的，裁定驳回起诉。

第四条　男女双方根据婚姻法第八条规定补办结婚登记的，婚姻关系的效力从双方均符合婚姻法所规定的结婚的实质要件时起算。

第五条 未按婚姻法第八条规定办理结婚登记而以夫妻名义共同生活的男女，起诉到人民法院要求离婚的，应当区别对待：

（一）1994 年 2 月 1 日民政部《婚姻登记管理条例》公布实施以前，男女双方已经符合结婚实质要件的，按事实婚姻处理。

（二）1994 年 2 月 1 日民政部《婚姻登记管理条例》公布实施以后，男女双方符合结婚实质要件的，人民法院应当告知其在案件受理前补办结婚登记；未补办结婚登记的，按解除同居关系处理。

第六条 未按婚姻法第八条规定办理结婚登记而以夫妻名义共同生活的男女，一方死亡，另一方以配偶身份主张享有继承权的，按照本解释第五条的原则处理。

第七条 有权依据婚姻法第十条规定向人民法院就已办理结婚登记的婚姻申请宣告婚姻无效的主体，包括婚姻当事人及利害关系人。利害关系人包括：

（一）以重婚为由申请宣告婚姻无效的，为当事人的近亲属及基层组织。

（二）以未到法定婚龄为由申请宣告婚姻无效的，为未达法定婚龄者的近亲属。

（三）以有禁止结婚的亲属关系为由申请宣告婚姻无效的，为当事人的近亲属。

（四）以婚前患有医学上认为不应当结婚的疾病，婚后尚未治愈为由申请宣告婚姻无效的，为与患病者共同生活的近亲属。

第八条 当事人依据婚姻法第十条规定向人民法院申请宣告婚姻无效的，申请时，法定的无效婚姻情形已经消失的，人民法院不予支持。

第九条 人民法院审理宣告婚姻无效案件，对婚姻效力的审理不适用调解，应当依法作出判决；有关婚姻效力的判决一经作出，即发生法律效力。

涉及财产分割和子女抚养的，可以调解。调解达成协议的，另行制作调解书。对财产分割和子女抚养问题的判决不服的，当事人可以上诉。

第十条 婚姻法第十一条所称的“胁迫”，是指行为人以给另一方当事人或者其近亲属的生命、身体健康、名誉、财产等方面造成损害为要挟，迫使另一方当事人违背真实意愿结婚的情况。

因受胁迫而请求撤销婚姻的，只能是受胁迫一方的婚姻关系当事人本人。

第十一条 人民法院审理婚姻当事人因受胁迫而请求撤销婚姻的案件，应当适用简易程序或者普通程序。

第十二条 婚姻法第十一条规定的“1 年”，不适用诉讼时效中止、中断或者延长的规定。

第十三条 婚姻法第十二条所规定的自始无效，是指无效或者可撤销婚姻在依法被宣告无效或被撤销时，才确定该婚姻自始不受法律保护。

第十四条 人民法院根据当事人的申请，依法宣告婚姻无效或者撤销婚姻的，应当收缴双方的结婚证书并将生效的判决书寄送当地婚姻登记管理机关。

第十五条 被宣告无效或被撤销的婚姻，当事人同居期间所得的财产，按共同共有处理。但有证据证明为当事人一方所有的除外。

第十六条 人民法院审理重婚导致的无效婚姻案件时，涉及财产处理的，应当准许合法婚姻当事人作为有独立请求权的第三人参加诉讼。

第十七条 婚姻法第十七条关于“夫或妻对夫妻共同所有的财产，有平等的处理权”的规定，应当理解为：

（一）夫或妻在处理夫妻共同财产上的权利是平等的。因日常生活需要而处理夫妻共同财产的，任何一方均有权决定。

（二）夫或妻非因日常生活需要对夫妻共同财产做重要处理决定，夫妻双方应当平等协商，取得一致意见。他人有理由相信其为夫妻双方共同意思表示的，另一方不得以不同意或不知道为由对抗善意第三人。

第十八条 婚姻法第十九条所称“第三人知道该约定的”，夫妻一方对此负有举证责任。

第十九条 婚姻法第十八条规定为夫妻一方所有的财产，不因婚姻关系的延续而转化为夫妻共同财产。但当事人另有约定的除外。

第二十条 婚姻法第二十一条规定的“不能独立生活的子女”，是指尚在校接受高中及其以下学历教育，或者丧失或未完全丧失劳动能力等非因主观原因而无法维持正常生活的成年子女。

第二十一条 婚姻法第二十一条所称“抚养费”，包括子女生活费、教育费、医疗费等费用。

第二十二条 人民法院审理离婚案件，符合第三十二条第二款规定“应准予离婚”情形的，不应当因当事人有过错而判决不准离婚。

第二十三条 婚姻法第三十三条所称的“军人一方有重大过错”，可以依据婚姻法第三十二条第三款前三项规定及军人有其他重大过错导致夫妻感情破裂的情形予以判断。

第二十四条 人民法院作出的生效的离婚判决中未涉及探望权，当事人就探望权问题单独提起诉讼的，人民法院应予受理。

第二十五条 当事人在履行生效判决、裁定或者调解书的过程中，请求中止行使探望权的，人民法院在征询双方当事人意见后，认为需要中止行使探望权的，依法作出裁定。中止探望的情形消失后，人民法院应当根据当事人的申请通知其恢复探望权的行使。

第二十六条 未成年子女、直接抚养子女的父或母及其他对未成年子女负担抚养、教育义务的法定监护人，有权向人民法院提出中止探望权的请求。

第二十七条 婚姻法第四十二条所称“一方生活困难”，是指依靠个人财产和离婚时分得的财产无法维持当地基本生活水平。

一方离婚后没有住处的，属于生活困难。

离婚时，一方以个人财产中的住房对生活困难者进行帮助的形式，可以是房屋的居住权或者房屋的所有权。

第二十八条 婚姻法第四十六条规定的“损害赔偿”，包括物质损害赔偿和精神损害赔偿。涉及精神损害赔偿的，适用最高人民法院《关于确定民事侵权精神损害赔偿责任若干问题的解释》的有关规定。

第二十九条 承担婚姻法第四十六条规定的损害赔偿责任的主体，为离婚诉讼当事人中无过错方的配偶。

人民法院判决不准离婚的案件，对于当事人基于婚姻法第四十六条提出的损害赔偿请求，不予支持。

在婚姻关系存续期间，当事人不起诉离婚而单独依据该条规定提起损害赔偿请求的，人民法院不予受理。

第三十条 人民法院受理离婚案件时，应当将婚姻法第四十六条等规定中当事人的有关权利义务，书面告知当事人。在适用婚姻法第四十六条时，应当区分以下不同情况：

（一）符合婚姻法第四十六条规定的无过错方作为原告基于该条规定向人民法院提起损害赔偿请求的，必须在离婚诉讼的同时提出。

（二）符合婚姻法第四十六条规定的无过错方作为被告的离婚诉讼案件，如果被告不同意离婚也不基于该条规定提起损害赔偿请求的，可以在离婚后 1 年内就此单独提起诉讼。

（三）无过错方作为被告的离婚诉讼案件，一审时被告未基于婚姻法第四十六条规定提出损害赔偿请求，二审期间提出的，人民法院应当进行调解，调解不成的，告知当事人在离婚后 1 年内另行起诉。

第三十一条 当事人依据婚姻法第四十七条的规定向人民法院提起诉讼，请求再次分割夫妻共同财产的诉讼时效为两年，从当事人发现之次日起计算。

第三十二条 婚姻法第四十八条关于对拒不执行有关探望子女等判决和裁定的，由人民法院依法强制执行的规定，是指对拒不履行协助另一方行使探望权的有关个人和单位采取拘留、罚款等强制措施，不能对子女的人身、探望行为进行强制执行。

第三十三条 婚姻法修改后正在审理的一、二审婚姻家庭纠纷案件，一律适用修改后的婚姻法。此前最高人民法院作出的相关司法解释如与本解释相抵触，以本解释为准。

第三十四条 本解释自公布之日起施行。

最高人民法院关于适用《中华人民共和国婚姻法》若干问题的解释（二）

（2003年12月4日最高人民法院审判委员会第1299次会议通过　根据2017年2月20日最高人民法院审判委员会第1710次会议《最高人民法院关于适用〈中华人民共和国婚姻法〉若干问题的解释（二）的补充规定》修正）

为正确审理婚姻家庭纠纷案件，根据《中华人民共和国婚姻法》（以下简称婚姻法）、《中华人民共和国民事诉讼法》等相关法律规定，对人民法院适用婚姻法的有关问题作出如下解释：

第一条　当事人起诉请求解除同居关系的，人民法院不予受理。但当事人请求解除的同居关系，属于婚姻法第三条、第三十二条、第四十六条规定的“有配偶者与他人同居”的，人民法院应当受理并依法予以解除。

当事人因同居期间财产分割或者子女抚养纠纷提起诉讼的，人民法院应当受理。

第二条　人民法院受理申请宣告婚姻无效案件后，经审查确属无效婚姻的，应当依法作出宣告婚姻无效的判决。原告申请撤诉的，不予准许。

第三条　人民法院受理离婚案件后，经审查确属无效婚姻的，应当将婚姻无效的情形告知当事人，并依法作出宣告婚姻无效的判决。

第四条 人民法院审理无效婚姻案件，涉及财产分割和子女抚养的，应当对婚姻效力的认定和其他纠纷的处理分别制作裁判文书。

第五条 夫妻一方或者双方死亡后一年内，生存一方或者利害关系人依据婚姻法第十条的规定申请宣告婚姻无效的，人民法院应当受理。

第六条 利害关系人依据婚姻法第十条的规定，申请人民法院宣告婚姻无效的，利害关系人为申请人，婚姻关系当事人双方为被申请人。

夫妻一方死亡的，生存一方为被申请人。

夫妻双方均已死亡的，不列被申请人。

第七条 人民法院就同一婚姻关系分别受理了离婚和申请宣告婚姻无效案件的，对于离婚案件的审理，应当待申请宣告婚姻无效案件作出判决后进行。

前款所指的婚姻关系被宣告无效后，涉及财产分割和子女抚养的，应当继续审理。

第八条 离婚协议中关于财产分割的条款或者当事人因离婚就财产分割达成的协议，对男女双方具有法律约束力。

当事人因履行上述财产分割协议发生纠纷提起诉讼的，人民法院应当受理。

第九条 男女双方协议离婚后一年内就财产分割问题反悔，

请求变更或者撤销财产分割协议的，人民法院应当受理。

人民法院审理后，未发现订立财产分割协议时存在欺诈、胁迫等情形的，应当依法驳回当事人的诉讼请求。

第十条 当事人请求返还按照习俗给付的彩礼的，如果查明属于以下情形，人民法院应当予以支持：

（一）双方未办理结婚登记手续的；

（二）双方办理结婚登记手续但确未共同生活的；

（三）婚前给付并导致给付人生活困难的。

适用前款第（二）、（三）项的规定，应当以双方离婚为条件。

第十一条 婚姻关系存续期间，下列财产属于婚姻法第十七条规定的“其他应当归共同所有的财产”：

（一）一方以个人财产投资取得的收益；

（二）男女双方实际取得或者应当取得的住房补贴、住房公积金；

（三）男女双方实际取得或者应当取得的养老保险金、破产安置补偿费。

第十二条 婚姻法第十七条第三项规定的“知识产权的收益”，是指婚姻关系存续期间，实际取得或者已经明确可以取得的财产性收益。

第十三条 军人的伤亡保险金、伤残补助金、医药生活补助费属于个人财产。

第十四条 人民法院审理离婚案件，涉及分割发放到军人名下的复员费、自主择业费等一次性费用的，以夫妻婚姻关系存续年限乘以年平均值，所得数额为夫妻共同财产。

前款所称年平均值，是指将发放到军人名下的上述费用总额按具体年限均分得出的数额。其具体年限为人均寿命七十岁与军人入伍时实际年龄的差额。

第十五条 夫妻双方分割共同财产中的股票、债券、投资基金份额等有价证券以及未上市股份有限公司股份时，协商不成或者按市价分配有困难的，人民法院可以根据数量按比例分配。

第十六条 人民法院审理离婚案件，涉及分割夫妻共同财产中以一方名义在有限责任公司的出资额，另一方不是该公司股东的，按以下情形分别处理：

（一）夫妻双方协商一致将出资额部分或者全部转让给该股东的配偶，过半数股东同意、其他股东明确表示放弃优先购买权的，该股东的配偶可以成为该公司股东；

（二）夫妻双方就出资额转让份额和转让价格等事项协商一致后，过半数股东不同意转让，但愿意以同等价格购买该出资额的，人民法院可以对转让出资所得财产进行分割。过半数股东不同意转让，也不愿意以同等价格购买该出资额的，视为其同意转让，该股东的配偶可以成为该公司股东。

用于证明前款规定的过半数股东同意的证据，可以是股东会决议，也可以是当事人通过其他合法途径取得的股东的书面声明材料。

第十七条 人民法院审理离婚案件，涉及分割夫妻共同财产中以一方名义在合伙企业中的出资，另一方不是该企业合伙人的，当夫妻双方协商一致，将其合伙企业中的财产份额全部或者部分转让给对方时，按以下情形分别处理：

（一）其他合伙人一致同意的，该配偶依法取得合伙人地位；

（二）其他合伙人不同意转让，在同等条件下行使优先受让权的，可以对转让所得的财产进行分割；

（三）其他合伙人不同意转让，也不行使优先受让权，但同意该合伙人退伙或者退还部分财产份额的，可以对退还的财产进行分割；

（四）其他合伙人既不同意转让，也不行使优先受让权，又不同意该合伙人退伙或者退还部分财产份额的，视为全体合伙人同意转让，该配偶依法取得合伙人地位。

第十八条　夫妻以一方名义投资设立独资企业的，人民法院分割夫妻在该独资企业中的共同财产时，应当按照以下情形分别处理：

（一）一方主张经营该企业的，对企业资产进行评估后，由取得企业一方给予另一方相应的补偿；

（二）双方均主张经营该企业的，在双方竞价基础上，由取得企业的一方给予另一方相应的补偿；

（三）双方均不愿意经营该企业的，按照《中华人民共和国个人独资企业法》等有关规定办理。

第十九条　由一方婚前承租、婚后用共同财产购买的房屋，房屋权属证书登记在一方名下的，应当认定为夫妻共同财产。

第二十条　双方对夫妻共同财产中的房屋价值及归属无法达成协议时，人民法院按以下情形分别处理：

（一）双方均主张房屋所有权并且同意竞价取得的，应当准许；

（二）一方主张房屋所有权的，由评估机构按市场价格对房屋作出评估，取得房屋所有权的一方应当给予另一方相应的补偿；

（三）双方均不主张房屋所有权的，根据当事人的申请拍卖房屋，就所得价款进行分割。

第二十一条 离婚时双方对尚未取得所有权或者尚未取得完全所有权的房屋有争议且协商不成的，人民法院不宜判决房屋所有权的归属，应当根据实际情况判决由当事人使用。

当事人就前款规定的房屋取得完全所有权后，有争议的，可以另行向人民法院提起诉讼。

第二十二条 当事人结婚前，父母为双方购置房屋出资的，该出资应当认定为对自己子女的个人赠与，但父母明确表示赠与双方的除外。

当事人结婚后，父母为双方购置房屋出资的，该出资应当认定为对夫妻双方的赠与，但父母明确表示赠与一方的除外。

第二十三条 债权人就一方婚前所负个人债务向债务人的配偶主张权利的，人民法院不予支持。但债权人能够证明所负债务用于婚后家庭共同生活的除外。

第二十四条 债权人就婚姻关系存续期间夫妻一方以个人名义所负债务主张权利的，应当按夫妻共同债务处理。但夫妻一方能够证明债权人与债务人明确约定为个人债务，或者能够证明属于婚姻法第十九条第三款规定情形的除外。

夫妻一方与第三人串通，虚构债务，第三人主张权利的，人民法院不予支持。

夫妻一方在从事赌博、吸毒等违法犯罪活动中所负债务，第三人主张权利的，人民法院不予支持。

第二十五条 当事人的离婚协议或者人民法院的判决书、裁定书、调解书已经对夫妻财产分割问题作出处理的，债权人仍有权就夫妻共同债务向男女双方主张权利。

一方就共同债务承担连带清偿责任后，基于离婚协议或者人民法院的法律文书向另一方主张追偿的，人民法院应当支持。

第二十六条 夫或妻一方死亡的，生存一方应当对婚姻关系存续期间的共同债务承担连带清偿责任。

第二十七条 当事人在婚姻登记机关办理离婚登记手续后，以婚姻法第四十六条规定为由向人民法院提出损害赔偿请求的，人民法院应当受理。但当事人在协议离婚时已经明确表示放弃该项请求，或者在办理离婚登记手续一年后提出的，不予支持。

第二十八条 夫妻一方申请对配偶的个人财产或者夫妻共同财产采取保全措施的，人民法院可以在采取保全措施可能造成损失的范围内，根据实际情况，确定合理的财产担保数额。

第二十九条 本解释自2004年4月1日起施行。

本解释施行后，人民法院新受理的一审婚姻家庭纠纷案件，适用本解释。

本解释施行后，此前最高人民法院作出的相关司法解释与本解释相抵触的，以本解释为准。

最高人民法院关于适用《中华人民共和国婚姻法》若干问题的解释（三）

（2011年7月4日最高人民法院审判委员会第1525次会议通过　2011年8月9日最高人民法院公告公布　自2011年8月13日起施行　法释〔2011〕18号）

为正确审理婚姻家庭纠纷案件，根据《中华人民共和国婚姻法》、《中华人民共和国民事诉讼法》等相关法律规定，对人民法院适用婚姻法的有关问题作出如下解释：

第一条　当事人以婚姻法第十条规定以外的情形申请宣告婚姻无效的，人民法院应当判决驳回当事人的申请。

当事人以结婚登记程序存在瑕疵为由提起民事诉讼，主张撤销结婚登记的，告知其可以依法申请行政复议或者提起行政诉讼。

第二条　夫妻一方向人民法院起诉请求确认亲子关系不存在，并已提供必要证据予以证明，另一方没有相反证据又拒绝做亲子鉴定的，人民法院可以推定请求确认亲子关系不存在一方的主张成立。

当事人一方起诉请求确认亲子关系，并提供必要证据予以证明，另一方没有相反证据又拒绝做亲子鉴定的，人民法院可以推定请求确认亲子关系一方的主张成立。

第三条　婚姻关系存续期间，父母双方或者一方拒不履行抚养子女义务，未成年或者不能独立生活的子女请求支付抚养费的，人民法院应予支持。

第四条 婚姻关系存续期间，夫妻一方请求分割共同财产的，人民法院不予支持，但有下列重大理由且不损害债权人利益的除外：

（一）一方有隐藏、转移、变卖、毁损、挥霍夫妻共同财产或者伪造夫妻共同债务等严重损害夫妻共同财产利益行为的；

（二）一方负有法定扶养义务的人患重大疾病需要医治，另一方不同意支付相关医疗费用的。

第五条 夫妻一方个人财产在婚后产生的收益，除孳息和自然增值外，应认定为夫妻共同财产。

第六条 婚前或者婚姻关系存续期间，当事人约定将一方所有的房产赠与另一方，赠与方在赠与房产变更登记之前撤销赠与，另一方请求判令继续履行的，人民法院可以按照合同法第一百八十六条的规定处理。

第七条 婚后由一方父母出资为子女购买的不动产，产权登记在出资人子女名下的，可按照婚姻法第十八条第（三）项的规定，视为只对自己子女一方的赠与，该不动产应认定为夫妻一方的个人财产。

由双方父母出资购买的不动产，产权登记在一方子女名下的，该不动产可认定为双方按照各自父母的出资份额按份共有，但当事人另有约定的除外。

第八条 无民事行为能力人的配偶有虐待、遗弃等严重损害无民事行为能力一方的人身权利或者财产权益行为，其他有监护资格的人可以依照特别程序要求变更监护关系；变更后的监护人代理无民事行为能力一方提起离婚诉讼的，人民法院应予受理。

第九条 夫以妻擅自中止妊娠侵犯其生育权为由请求损害赔偿的，人民法院不予支持；夫妻双方因是否生育发生纠纷，致使感情确已破裂，一方请求离婚的，人民法院经调解无效，应依照婚姻法第三十二条第三款第（五）项的规定处理。

第十条 夫妻一方婚前签订不动产买卖合同，以个人财产支付首付款并在银行贷款，婚后用夫妻共同财产还贷，不动产登记于首付款支付方名下的，离婚时该不动产由双方协议处理。

依前款规定不能达成协议的，人民法院可以判决该不动产归产权登记一方，尚未归还的贷款为产权登记一方的个人债务。双方婚后共同还贷支付的款项及其相对应财产增值部分，离婚时应根据婚姻法第三十九条第一款规定的原则，由产权登记一方对另一方进行补偿。

第十一条 一方未经另一方同意出售夫妻共同共有的房屋，第三人善意购买、支付合理对价并办理产权登记手续，另一方主张追回该房屋的，人民法院不予支持。

夫妻一方擅自处分共同共有的房屋造成另一方损失，离婚时另一方请求赔偿损失的，人民法院应予支持。

第十二条 婚姻关系存续期间，双方用夫妻共同财产出资购买以一方父母名义参加房改的房屋，产权登记在一方父母名下，离婚时另一方主张按照夫妻共同财产对该房屋进行分割的，人民法院不予支持。购买该房屋时的出资，可以作为债权处理。

第十三条 离婚时夫妻一方尚未退休、不符合领取养老保险金条件，另一方请求按照夫妻共同财产分割养老保险金的，人民法院不予支持；婚后以夫妻共同财产缴付养老保险费，离婚时一方主张将养老金账户中婚姻关系存续期间个人实际缴付部分作为夫妻共同财产分割的，人民法院应予支持。

第十四条 当事人达成的以登记离婚或者到人民法院协议离婚为条件的财产分割协议，如果双方协议离婚未成，一方在离婚诉讼中反悔的，人民法院应当认定该财产分割协议没有生效，并根据实际情况依法对夫妻共同财产进行分割。

第十五条 婚姻关系存续期间，夫妻一方作为继承人依法可以继承的遗产，在继承人之间尚未实际分割，起诉离婚时另一方请求分割的，人民法院应当告知当事人在继承人之间实际分割遗产后另行起诉。

第十六条 夫妻之间订立借款协议，以夫妻共同财产出借给一方从事个人经营活动或用于其他个人事务的，应视为双方约定处分夫妻共同财产的行为，离婚时可按照借款协议的约定处理。

第十七条 夫妻双方均有婚姻法第四十六条规定的过错情形，一方或者双方向对方提出离婚损害赔偿请求的，人民法院不予支持。

第十八条 离婚后，一方以尚有夫妻共同财产未处理为由向人民法院起诉请求分割的，经审查该财产确属离婚时未涉及的夫妻共同财产，人民法院应当依法予以分割。

第十九条 本解释施行后，最高人民法院此前作出的相关司法解释与本解释相抵触的，以本解释为准。

中华人民共和国民事诉讼法（节录）

(1991 年 4 月 9 日第七届全国人民代表大会第四次会议通过　根据 2007 年 10 月 28 日第十届全国人民代表大会常务委员会第三十次会议《关于修改〈中华人民共和国民事诉讼法〉的决定》第一次修正　根据 2012 年 8 月 31 日第十一届全国人民代表大会常务委员会第二十八次会议《关于修改〈中华人民共和国民事诉讼法〉的决定》第二次修正　根据 2017 年 6 月 27 日第十二届全国人民代表大会常务委员会第二十八次会议《关于修改〈中华人民共和国民事诉讼法〉和〈中华人民共和国行政诉讼法〉的决定》第三次修正）

第一编　总　　则

第一章　任务、适用范围和基本原则

第一条　【立法依据】[1] 中华人民共和国民事诉讼法以宪法为根据，结合我国民事审判工作的经验和实际情况制定。

第二条　【立法目的】 中华人民共和国民事诉讼法的任务，是保护当事人行使诉讼权利，保证人民法院查明事实，分清是非，正确适用法律，及时审理民事案件，确认民事权利义务关系，制

① 条文主旨为编者所加，下同。

裁民事违法行为，保护当事人的合法权益，教育公民自觉遵守法律，维护社会秩序、经济秩序，保障社会主义建设事业顺利进行。

第三条 【适用范围】人民法院受理公民之间、法人之间、其他组织之间以及他们相互之间因财产关系和人身关系提起的民事诉讼，适用本法的规定。

第四条 【空间效力】凡在中华人民共和国领域内进行民事诉讼，必须遵守本法。

第五条 【同等原则和对等原则】外国人、无国籍人、外国企业和组织在人民法院起诉、应诉，同中华人民共和国公民、法人和其他组织有同等的诉讼权利义务。

外国法院对中华人民共和国公民、法人和其他组织的民事诉讼权利加以限制的，中华人民共和国人民法院对该国公民、企业和组织的民事诉讼权利，实行对等原则。

第六条 【独立审判原则】民事案件的审判权由人民法院行使。

人民法院依照法律规定对民事案件独立进行审判，不受行政机关、社会团体和个人的干涉。

第七条 【以事实为根据，以法律为准绳原则】人民法院审理民事案件，必须以事实为根据，以法律为准绳。

第八条 【诉讼权利平等原则】民事诉讼当事人有平等的诉讼权利。人民法院审理民事案件，应当保障和便利当事人行使诉讼权利，对当事人在适用法律上一律平等。

第九条 【法院调解原则】人民法院审理民事案件，应当根据自愿和合法的原则进行调解；调解不成的，应当及时判决。

第十条 【合议、回避、公开审判、两审终审制度】人民法院审理民事案件，依照法律规定实行合议、回避、公开审判和两审终审制度。

第十一条 【使用本民族语言文字原则】各民族公民都有用本民族语言、文字进行民事诉讼的权利。

在少数民族聚居或者多民族共同居住的地区，人民法院应当用当地民族通用的语言、文字进行审理和发布法律文书。

人民法院应当对不通晓当地民族通用的语言、文字的诉讼参与人提供翻译。

第十二条 【辩论原则】人民法院审理民事案件时，当事人有权进行辩论。

第十三条 【诚实信用原则和处分原则】民事诉讼应当遵循诚实信用原则。

当事人有权在法律规定的范围内处分自己的民事权利和诉讼权利。

第十四条 【检察监督原则】人民检察院有权对民事诉讼实行法律监督。

第十五条 【支持起诉原则】机关、社会团体、企业事业单位对损害国家、集体或者个人民事权益的行为，可以支持受损害的单位或者个人向人民法院起诉。

第十六条 【民族自治地方的变通或者补充规定】民族自治地方的人民代表大会根据宪法和本法的原则，结合当地民族的具体情况，可以制定变通或者补充的规定。自治区的规定，报全国人民代表大会常务委员会批准。自治州、自治县的规定，报省或者自治区的人民代表大会常务委员会批准，并报全国人民代表大会常务委员会备案。

第二章　管　　辖

第一节　级别管辖

第十七条　【基层法院管辖】基层人民法院管辖第一审民事案件，但本法另有规定的除外。

第十八条　【中级法院管辖】中级人民法院管辖下列第一审民事案件：

（一）重大涉外案件；

（二）在本辖区有重大影响的案件；

（三）最高人民法院确定由中级人民法院管辖的案件。

第十九条　【高级法院管辖】高级人民法院管辖在本辖区有重大影响的第一审民事案件。

第二十条　【最高法院管辖】最高人民法院管辖下列第一审民事案件：

（一）在全国有重大影响的案件；

（二）认为应当由本院审理的案件。

第二节　地域管辖

第二十一条　【被告住所地、经常居住地法院管辖】对公民提起的民事诉讼，由被告住所地人民法院管辖；被告住所地与经常居住地不一致的，由经常居住地人民法院管辖。

对法人或者其他组织提起的民事诉讼，由被告住所地人民法院管辖。

同一诉讼的几个被告住所地、经常居住地在两个以上人民法院辖区的，各该人民法院都有管辖权。

第二十二条 【原告住所地、经常居住地法院管辖】下列民事诉讼，由原告住所地人民法院管辖；原告住所地与经常居住地不一致的，由原告经常居住地人民法院管辖：

(一) 对不在中华人民共和国领域内居住的人提起的有关身份关系的诉讼；

(二) 对下落不明或者宣告失踪的人提起的有关身份关系的诉讼；

(三) 对被采取强制性教育措施的人提起的诉讼；

(四) 对被监禁的人提起的诉讼。

第二十三条 【合同纠纷的地域管辖】因合同纠纷提起的诉讼，由被告住所地或者合同履行地人民法院管辖。

第二十四条 【保险合同纠纷的地域管辖】因保险合同纠纷提起的诉讼，由被告住所地或者保险标的物所在地人民法院管辖。

第二十五条 【票据纠纷的地域管辖】因票据纠纷提起的诉讼，由票据支付地或者被告住所地人民法院管辖。

第二十六条 【公司纠纷的地域管辖】因公司设立、确认股东资格、分配利润、解散等纠纷提起的诉讼，由公司住所地人民法院管辖。

第二十七条 【运输合同纠纷的地域管辖】因铁路、公路、水上、航空运输和联合运输合同纠纷提起的诉讼，由运输始发地、目的地或者被告住所地人民法院管辖。

第二十八条 【侵权纠纷的地域管辖】因侵权行为提起的诉讼，由侵权行为地或者被告住所地人民法院管辖。

第二十九条 【交通事故损害赔偿纠纷的地域管辖】因铁路、公路、水上和航空事故请求损害赔偿提起的诉讼，由事故发生地或者车辆、船舶最先到达地、航空器最先降落地或者被告住所地人民法院管辖。

第三十条 【海事损害事故赔偿纠纷的地域管辖】因船舶碰撞或者其他海事损害事故请求损害赔偿提起的诉讼，由碰撞发生地、碰撞船舶最先到达地、加害船舶被扣留地或者被告住所地人民法院管辖。

第三十一条 【海难救助费用纠纷的地域管辖】因海难救助费用提起的诉讼，由救助地或者被救助船舶最先到达地人民法院管辖。

第三十二条 【共同海损纠纷的地域管辖】因共同海损提起的诉讼，由船舶最先到达地、共同海损理算地或者航程终止地的人民法院管辖。

第三十三条 【专属管辖】下列案件，由本条规定的人民法院专属管辖：

（一）因不动产纠纷提起的诉讼，由不动产所在地人民法院管辖；

（二）因港口作业中发生纠纷提起的诉讼，由港口所在地人民法院管辖；

（三）因继承遗产纠纷提起的诉讼，由被继承人死亡时住所地或者主要遗产所在地人民法院管辖。

第三十四条 【协议管辖】合同或者其他财产权益纠纷的当事人可以书面协议选择被告住所地、合同履行地、合同签订地、原告住所地、标的物所在地等与争议有实际联系的地点的人民法院管辖，但不得违反本法对级别管辖和专属管辖的规定。

第三十五条 【选择管辖】两个以上人民法院都有管辖权的诉讼，原告可以向其中一个人民法院起诉；原告向两个以上有管辖权的人民法院起诉的，由最先立案的人民法院管辖。

第三节　移送管辖和指定管辖

第三十六条 【移送管辖】人民法院发现受理的案件不属于本院管辖的，应当移送有管辖权的人民法院，受移送的人民法院应当受理。受移送的人民法院认为受移送的案件依照规定不属于本院管辖的，应当报请上级人民法院指定管辖，不得再自行移送。

第三十七条 【指定管辖】有管辖权的人民法院由于特殊原因，不能行使管辖权的，由上级人民法院指定管辖。

人民法院之间因管辖权发生争议，由争议双方协商解决；协商解决不了的，报请它们的共同上级人民法院指定管辖。

第三十八条 【管辖权的转移】上级人民法院有权审理下级人民法院管辖的第一审民事案件；确有必要将本院管辖的第一审民事案件交下级人民法院审理的，应当报请其上级人民法院批准。

下级人民法院对它所管辖的第一审民事案件，认为需要由上级人民法院审理的，可以报请上级人民法院审理。

第三章　审判组织

第三十九条　【一审审判组织】人民法院审理第一审民事案件，由审判员、陪审员共同组成合议庭或者由审判员组成合议庭。合议庭的成员人数，必须是单数。

适用简易程序审理的民事案件，由审判员一人独任审理。

陪审员在执行陪审职务时，与审判员有同等的权利义务。

第四十条　【二审和再审审判组织】人民法院审理第二审民事案件，由审判员组成合议庭。合议庭的成员人数，必须是单数。

发回重审的案件，原审人民法院应当按照第一审程序另行组成合议庭。

审理再审案件，原来是第一审的，按照第一审程序另行组成合议庭；原来是第二审的或者是上级人民法院提审的，按照第二审程序另行组成合议庭。

第四十一条　【合议庭审判长的产生】合议庭的审判长由院长或者庭长指定审判员一人担任；院长或者庭长参加审判的，由院长或者庭长担任。

第四十二条　【合议庭的评议规则】合议庭评议案件，实行少数服从多数的原则。评议应当制作笔录，由合议庭成员签名。评议中的不同意见，必须如实记入笔录。

第四十三条　【审判人员工作纪律】审判人员应当依法秉公

办案。

审判人员不得接受当事人及其诉讼代理人请客送礼。

审判人员有贪污受贿，徇私舞弊，枉法裁判行为的，应当追究法律责任；构成犯罪的，依法追究刑事责任。

第四章　回　　避

第四十四条　【回避的对象、条件和方式】审判人员有下列情形之一的，应当自行回避，当事人有权用口头或者书面方式申请他们回避：

（一）是本案当事人或者当事人、诉讼代理人近亲属的；

（二）与本案有利害关系的；

（三）与本案当事人、诉讼代理人有其他关系，可能影响对案件公正审理的。

审判人员接受当事人、诉讼代理人请客送礼，或者违反规定会见当事人、诉讼代理人的，当事人有权要求他们回避。

审判人员有前款规定的行为的，应当依法追究法律责任。

前三款规定，适用于书记员、翻译人员、鉴定人、勘验人。

第四十五条　【回避申请】当事人提出回避申请，应当说明理由，在案件开始审理时提出；回避事由在案件开始审理后知道的，也可以在法庭辩论终结前提出。

被申请回避的人员在人民法院作出是否回避的决定前，应当暂停参与本案的工作，但案件需要采取紧急措施的除外。

第四十六条　【回避决定的程序】院长担任审判长时的回避，

由审判委员会决定；审判人员的回避，由院长决定；其他人员的回避，由审判长决定。

第四十七条 【回避决定的时限及效力】人民法院对当事人提出的回避申请，应当在申请提出的三日内，以口头或者书面形式作出决定。申请人对决定不服的，可以在接到决定时申请复议一次。复议期间，被申请回避的人员，不停止参与本案的工作。人民法院对复议申请，应当在三日内作出复议决定，并通知复议申请人。

第五章 诉讼参加人

第一节 当 事 人

第四十八条 【当事人范围】公民、法人和其他组织可以作为民事诉讼的当事人。

法人由其法定代表人进行诉讼。其他组织由其主要负责人进行诉讼。

第四十九条 【诉讼权利义务】当事人有权委托代理人，提出回避申请，收集、提供证据，进行辩论，请求调解，提起上诉，申请执行。

当事人可以查阅本案有关材料，并可以复制本案有关材料和法律文书。查阅、复制本案有关材料的范围和办法由最高人民法院规定。

当事人必须依法行使诉讼权利，遵守诉讼秩序，履行发生法律效力的判决书、裁定书和调解书。

第五十条 【自行和解】双方当事人可以自行和解。

第五十一条 【诉讼请求的放弃、变更、承认、反驳及反诉】原告可以放弃或者变更诉讼请求。被告可以承认或者反驳诉讼请求，有权提起反诉。

第五十二条 【共同诉讼】当事人一方或者双方为二人以上，其诉讼标的是共同的，或者诉讼标的是同一种类、人民法院认为可以合并审理并经当事人同意的，为共同诉讼。

共同诉讼的一方当事人对诉讼标的有共同权利义务的，其中一人的诉讼行为经其他共同诉讼人承认，对其他共同诉讼人发生效力；对诉讼标的没有共同权利义务的，其中一人的诉讼行为对其他共同诉讼人不发生效力。

第五十三条 【当事人人数确定的代表人诉讼】当事人一方人数众多的共同诉讼，可以由当事人推选代表人进行诉讼。代表人的诉讼行为对其所代表的当事人发生效力，但代表人变更、放弃诉讼请求或者承认对方当事人的诉讼请求，进行和解，必须经被代表的当事人同意。

第五十四条 【当事人人数不确定的代表人诉讼】诉讼标的是同一种类、当事人一方人数众多在起诉时人数尚未确定的，人民法院可以发出公告，说明案件情况和诉讼请求，通知权利人在一定期间向人民法院登记。

向人民法院登记的权利人可以推选代表人进行诉讼；推选不出代表人的，人民法院可以与参加登记的权利人商定代表人。

代表人的诉讼行为对其所代表的当事人发生效力，但代表人变更、放弃诉讼请求或者承认对方当事人的诉讼请求，进行和解，必须经被代表的当事人同意。

人民法院作出的判决、裁定，对参加登记的全体权利人发生效力。未参加登记的权利人在诉讼时效期间提起诉讼的，适用该判决、裁定。

第五十五条 【公益诉讼】对污染环境、侵害众多消费者合法权益等损害社会公共利益的行为，法律规定的机关和有关组织可以向人民法院提起诉讼。

人民检察院在履行职责中发现破坏生态环境和资源保护、食品药品安全领域侵害众多消费者合法权益等损害社会公共利益的行为，在没有前款规定的机关和组织或者前款规定的机关和组织不提起诉讼的情况下，可以向人民法院提起诉讼。前款规定的机关或者组织提起诉讼的，人民检察院可以支持起诉。

第五十六条 【第三人】对当事人双方的诉讼标的，第三人认为有独立请求权的，有权提起诉讼。

对当事人双方的诉讼标的，第三人虽然没有独立请求权，但案件处理结果同他有法律上的利害关系的，可以申请参加诉讼，或者由人民法院通知他参加诉讼。人民法院判决承担民事责任的第三人，有当事人的诉讼权利义务。

前两款规定的第三人，因不能归责于本人的事由未参加诉讼，但有证据证明发生法律效力的判决、裁定、调解书的部分或者全部内容错误，损害其民事权益的，可以自知道或者应当知道其民事权益受到损害之日起六个月内，向作出该判决、裁定、调解书的人民法院提起诉讼。人民法院经审理，诉讼请求成立的，应当改变或者撤销原判决、裁定、调解书；诉讼请求不成立的，驳回诉讼请求。

第二节　诉讼代理人

第五十七条 【法定诉讼代理人】无诉讼行为能力人由他的监护人作为法定代理人代为诉讼。法定代理人之间互相推诿代理责任的，由人民法院指定其中一人代为诉讼。

第五十八条 【委托诉讼代理人】当事人、法定代理人可以委托一至二人作为诉讼代理人。

下列人员可以被委托为诉讼代理人：

（一）律师、基层法律服务工作者；

（二）当事人的近亲属或者工作人员；

（三）当事人所在社区、单位以及有关社会团体推荐的公民。

第五十九条 【委托诉讼代理权的取得和权限】委托他人代为诉讼，必须向人民法院提交由委托人签名或者盖章的授权委托书。

授权委托书必须记明委托事项和权限。诉讼代理人代为承认、放弃、变更诉讼请求，进行和解，提起反诉或者上诉，必须有委托人的特别授权。

侨居在国外的中华人民共和国公民从国外寄交或者托交的授权委托书，必须经中华人民共和国驻该国的使领馆证明；没有使领馆的，由与中华人民共和国有外交关系的第三国驻该国的使领馆证明，再转由中华人民共和国驻该第三国使领馆证明，或者由当地的爱国华侨团体证明。

第六十条 【诉讼代理权的变更和解除】诉讼代理人的权限如果变更或者解除，当事人应当书面告知人民法院，并由人民法院通知对方当事人。

第六十一条 【诉讼代理人调查收集证据和查阅有关资料的权利】代理诉讼的律师和其他诉讼代理人有权调查收集证据，可以查阅本案有关材料。查阅本案有关材料的范围和办法由最高人民法院规定。

第六十二条 【离婚诉讼代理的特别规定】离婚案件有诉讼代理人的，本人除不能表达意思的以外，仍应出庭；确因特殊情况无法出庭的，必须向人民法院提交书面意见。

第六章 证 据

第六十三条 【证据的种类】证据包括：

（一）当事人的陈述；

（二）书证；

（三）物证；

（四）视听资料；

（五）电子数据；

（六）证人证言；

（七）鉴定意见；

（八）勘验笔录。

证据必须查证属实，才能作为认定事实的根据。

第六十四条 【举证责任与查证】当事人对自己提出的主张，有责任提供证据。

当事人及其诉讼代理人因客观原因不能自行收集的证据，或者人民法院认为审理案件需要的证据，人民法院应当调查收集。

人民法院应当按照法定程序，全面地、客观地审查核实证据。

第六十五条 【举证期限及逾期后果】当事人对自己提出的主张应当及时提供证据。

人民法院根据当事人的主张和案件审理情况，确定当事人应当提供的证据及其期限。当事人在该期限内提供证据确有困难的，可以向人民法院申请延长期限，人民法院根据当事人的申请适当延长。当事人逾期提供证据的，人民法院应当责令其说明理由；拒不说明理由或者理由不成立的，人民法院根据不同情形可以不予采纳该证据，或者采纳该证据但予以训诫、罚款。

第六十六条 【人民法院签收证据】人民法院收到当事人提交的证据材料，应当出具收据，写明证据名称、页数、份数、原件或者复印件以及收到时间等，并由经办人员签名或者盖章。

第六十七条 【人民法院调查取证】人民法院有权向有关单位和个人调查取证，有关单位和个人不得拒绝。

人民法院对有关单位和个人提出的证明文书，应当辨别真伪，审查确定其效力。

第六十八条 【证据的公开与质证】证据应当在法庭上出示，并由当事人互相质证。对涉及国家秘密、商业秘密和个人隐私的证据应当保密，需要在法庭出示的，不得在公开开庭时出示。

第六十九条 【公证证据】经过法定程序公证证明的法律事实和文书，人民法院应当作为认定事实的根据，但有相反证据足以推翻公证证明的除外。

第七十条 【书证和物证】书证应当提交原件。物证应当提交原物。提交原件或者原物确有困难的，可以提交复制品、照片、副本、节录本。

提交外文书证，必须附有中文译本。

第七十一条 【视听资料】人民法院对视听资料，应当辨别真伪，并结合本案的其他证据，审查确定能否作为认定事实的根据。

第七十二条 【证人的义务】凡是知道案件情况的单位和个人，都有义务出庭作证。有关单位的负责人应当支持证人作证。

不能正确表达意思的人，不能作证。

第七十三条 【证人不出庭作证的情形】经人民法院通知，证人应当出庭作证。有下列情形之一的，经人民法院许可，可以通过书面证言、视听传输技术或者视听资料等方式作证：

(一)因健康原因不能出庭的；

(二)因路途遥远，交通不便不能出庭的；

(三)因自然灾害等不可抗力不能出庭的；

(四)其他有正当理由不能出庭的。

第七十四条 【证人出庭作证费用的承担】证人因履行出庭作证义务而支出的交通、住宿、就餐等必要费用以及误工损失，由败诉一方当事人负担。当事人申请证人作证的，由该当事人先行垫付；

当事人没有申请，人民法院通知证人作证的，由人民法院先行垫付。

第七十五条 【当事人陈述】人民法院对当事人的陈述，应当结合本案的其他证据，审查确定能否作为认定事实的根据。

当事人拒绝陈述的，不影响人民法院根据证据认定案件事实。

第七十六条 【申请鉴定】当事人可以就查明事实的专门性问题向人民法院申请鉴定。当事人申请鉴定的，由双方当事人协商确定具备资格的鉴定人；协商不成的，由人民法院指定。

当事人未申请鉴定，人民法院对专门性问题认为需要鉴定的，应当委托具备资格的鉴定人进行鉴定。

第七十七条 【鉴定人的职责】鉴定人有权了解进行鉴定所需要的案件材料，必要时可以询问当事人、证人。

鉴定人应当提出书面鉴定意见，在鉴定书上签名或者盖章。

第七十八条 【鉴定人出庭作证的义务】当事人对鉴定意见有异议或者人民法院认为鉴定人有必要出庭的，鉴定人应当出庭作证。经人民法院通知，鉴定人拒不出庭作证的，鉴定意见不得作为认定事实的根据；支付鉴定费用的当事人可以要求返还鉴定费用。

第七十九条 【对鉴定意见的查证】当事人可以申请人民法院通知有专门知识的人出庭，就鉴定人作出的鉴定意见或者专业问题提出意见。

第八十条 【勘验笔录】勘验物证或者现场，勘验人必须出示人民法院的证件，并邀请当地基层组织或者当事人所在单位派人参加。当事人或者当事人的成年家属应当到场，拒不到场的，不影响勘验的进行。

有关单位和个人根据人民法院的通知，有义务保护现场，协助勘验工作。

勘验人应当将勘验情况和结果制作笔录，由勘验人、当事人和被邀参加人签名或者盖章。

第八十一条 【证据保全】在证据可能灭失或者以后难以取得的情况下，当事人可以在诉讼过程中向人民法院申请保全证据，人民法院也可以主动采取保全措施。

因情况紧急，在证据可能灭失或者以后难以取得的情况下，利害关系人可以在提起诉讼或者申请仲裁前向证据所在地、被申请人住所地或者对案件有管辖权的人民法院申请保全证据。

证据保全的其他程序，参照适用本法第九章保全的有关规定。

第七章 期间、送达

第一节 期 间

第八十二条 【期间的种类和计算】期间包括法定期间和人民法院指定的期间。

期间以时、日、月、年计算。期间开始的时和日，不计算在期间内。

期间届满的最后一日是节假日的，以节假日后的第一日为期间届满的日期。

期间不包括在途时间，诉讼文书在期满前交邮的，不算过期。

第八十三条 【期间的耽误和顺延】当事人因不可抗拒的事由或者其他正当理由耽误期限的，在障碍消除后的十日内，可以申请顺延期限，是否准许，由人民法院决定。

第二节 送　　达

第八十四条 【送达回证】送达诉讼文书必须有送达回证，由受送达人在送达回证上记明收到日期，签名或者盖章。

受送达人在送达回证上的签收日期为送达日期。

第八十五条 【直接送达】送达诉讼文书，应当直接送交受送达人。受送达人是公民的，本人不在交他的同住成年家属签收；受送达人是法人或者其他组织的，应当由法人的法定代表人、其他组织的主要负责人或者该法人、组织负责收件的人签收；受送达人有诉讼代理人的，可以送交其代理人签收；受送达人已向人民法院指定代收人的，送交代收人签收。

受送达人的同住成年家属，法人或者其他组织的负责收件的人，诉讼代理人或者代收人在送达回证上签收的日期为送达日期。

第八十六条 【留置送达】受送达人或者他的同住成年家属拒绝接收诉讼文书的，送达人可以邀请有关基层组织或者所在单位的代表到场，说明情况，在送达回证上记明拒收事由和日期，由送达人、见证人签名或者盖章，把诉讼文书留在受送达人的住所；也可以把诉讼文书留在受送达人的住所，并采用拍照、录像等方式记录送达过程，即视为送达。

第八十七条 【传真、电子邮件等方式送达】经受送达人同意，人民法院可以采用传真、电子邮件等能够确认其收悉的方式送达诉讼文书，但判决书、裁定书、调解书除外。

采用前款方式送达的，以传真、电子邮件等到达受送达人特定系统的日期为送达日期。

第八十八条 【委托送达与邮寄送达】直接送达诉讼文书有困难的，可以委托其他人民法院代为送达，或者邮寄送达。邮寄送达的，以回执上注明的收件日期为送达日期。

第八十九条 【军人的转交送达】受送达人是军人的，通过其所在部队团以上单位的政治机关转交。

第九十条 【被监禁人或被采取强制性教育措施人的转交送达】受送达人被监禁的，通过其所在监所转交。

受送达人被采取强制性教育措施的，通过其所在强制性教育机构转交。

第九十一条 【转交送达的送达日期】代为转交的机关、单位收到诉讼文书后，必须立即交受送达人签收，以在送达回证上的签收日期，为送达日期。

第九十二条 【公告送达】受送达人下落不明，或者用本节规定的其他方式无法送达的，公告送达。自发出公告之日起，经过六十日，即视为送达。

公告送达，应当在案卷中记明原因和经过。

第八章　调　　解

第九十三条 【法院调解原则】人民法院审理民事案件，根据当事人自愿的原则，在事实清楚的基础上，分清是非，进行调解。

第九十四条 【法院调解的程序】人民法院进行调解，可以由审判员一人主持，也可以由合议庭主持，并尽可能就地进行。

人民法院进行调解，可以用简便方式通知当事人、证人到庭。

第九十五条 【对法院调解的协助】人民法院进行调解，可以邀请有关单位和个人协助。被邀请的单位和个人，应当协助人民法院进行调解。

第九十六条 【调解协议的达成】调解达成协议，必须双方自愿，不得强迫。调解协议的内容不得违反法律规定。

第九十七条 【调解书的制作、送达和效力】调解达成协议，人民法院应当制作调解书。调解书应当写明诉讼请求、案件的事实和调解结果。

调解书由审判人员、书记员署名，加盖人民法院印章，送达双方当事人。

调解书经双方当事人签收后，即具有法律效力。

第九十八条 【不需要制作调解书的案件】下列案件调解达成协议，人民法院可以不制作调解书：

（一）调解和好的离婚案件；

（二）调解维持收养关系的案件；

（三）能够即时履行的案件；

（四）其他不需要制作调解书的案件。

对不需要制作调解书的协议，应当记入笔录，由双方当事人、审判人员、书记员签名或者盖章后，即具有法律效力。

第九十九条 【调解不成或调解后反悔的处理】调解未达成协议或者调解书送达前一方反悔的，人民法院应当及时判决。

第九章 保全和先予执行

第一百条 【诉讼保全】人民法院对于可能因当事人一方的行为或者其他原因，使判决难以执行或者造成当事人其他损害的案件，根据对方当事人的申请，可以裁定对其财产进行保全、责令其作出一定行为或者禁止其作出一定行为；当事人没有提出申请的，人民法院在必要时也可以裁定采取保全措施。

人民法院采取保全措施，可以责令申请人提供担保，申请人不提供担保的，裁定驳回申请。

人民法院接受申请后，对情况紧急的，必须在四十八小时内作出裁定；裁定采取保全措施的，应当立即开始执行。

第一百零一条 【诉前保全】利害关系人因情况紧急，不立即申请保全将会使其合法权益受到难以弥补的损害的，可以在提起诉讼或者申请仲裁前向被保全财产所在地、被申请人住所地或者对案件有管辖权的人民法院申请采取保全措施。申请人应当提供担保，不提供担保的，裁定驳回申请。

人民法院接受申请后，必须在四十八小时内作出裁定；裁定采取保全措施的，应当立即开始执行。

申请人在人民法院采取保全措施后三十日内不依法提起诉讼或者申请仲裁的，人民法院应当解除保全。

第一百零二条 【保全的范围】保全限于请求的范围，或者与本案有关的财物。

第一百零三条 【财产保全的措施】财产保全采取查封、扣押、冻结或者法律规定的其他方法。人民法院保全财产后，应当立即通知被保全财产的人。

财产已被查封、冻结的，不得重复查封、冻结。

第一百零四条 【保全的解除】财产纠纷案件，被申请人提供担保的，人民法院应当裁定解除保全。

第一百零五条 【保全申请错误的处理】申请有错误的，申请人应当赔偿被申请人因保全所遭受的损失。

第一百零六条 【先予执行的适用范围】人民法院对下列案件，根据当事人的申请，可以裁定先予执行：

（一）追索赡养费、扶养费、抚育费、抚恤金、医疗费用的；

（二）追索劳动报酬的；

（三）因情况紧急需要先予执行的。

第一百零七条 【先予执行的条件】人民法院裁定先予执行的，应当符合下列条件：

（一）当事人之间权利义务关系明确，不先予执行将严重影响申请人的生活或者生产经营的；

（二）被申请人有履行能力。

人民法院可以责令申请人提供担保，申请人不提供担保的，驳回申请。申请人败诉的，应当赔偿被申请人因先予执行遭受的财产损失。

第一百零八条 【对保全或先予执行不服的救济程序】当事人

对保全或者先予执行的裁定不服的，可以申请复议一次。复议期间不停止裁定的执行。

第十章　对妨害民事诉讼的强制措施

第一百零九条　【拘传的适用】人民法院对必须到庭的被告，经两次传票传唤，无正当理由拒不到庭的，可以拘传。

第一百一十条　【对违反法庭规则、扰乱法庭秩序行为的强制措施】诉讼参与人和其他人应当遵守法庭规则。

人民法院对违反法庭规则的人，可以予以训诫，责令退出法庭或者予以罚款、拘留。

人民法院对哄闹、冲击法庭，侮辱、诽谤、威胁、殴打审判人员，严重扰乱法庭秩序的人，依法追究刑事责任；情节较轻的，予以罚款、拘留。

第一百一十一条　【对妨害诉讼证据的收集、调查和阻拦、干扰诉讼进行的强制措施】诉讼参与人或者其他人有下列行为之一的，人民法院可以根据情节轻重予以罚款、拘留；构成犯罪的，依法追究刑事责任：

（一）伪造、毁灭重要证据，妨碍人民法院审理案件的；

（二）以暴力、威胁、贿买方法阻止证人作证或者指使、贿买、胁迫他人作伪证的；

（三）隐藏、转移、变卖、毁损已被查封、扣押的财产，或者已被清点并责令其保管的财产，转移已被冻结的财产的；

（四）对司法工作人员、诉讼参加人、证人、翻译人员、鉴定人、勘验人、协助执行的人，进行侮辱、诽谤、诬陷、殴打或者打击报复的；

(五) 以暴力、威胁或者其他方法阻碍司法工作人员执行职务的；

(六) 拒不履行人民法院已经发生法律效力的判决、裁定的。

人民法院对有前款规定的行为之一的单位，可以对其主要负责人或者直接责任人员予以罚款、拘留；构成犯罪的，依法追究刑事责任。

第一百一十二条 【对恶意串通，通过诉讼、调解等方式侵害他人合法权益的强制措施】当事人之间恶意串通，企图通过诉讼、调解等方式侵害他人合法权益的，人民法院应当驳回其请求，并根据情节轻重予以罚款、拘留；构成犯罪的，依法追究刑事责任。

第一百一十三条 【对恶意串通，通过诉讼、仲裁、调解等方式逃避履行法律文书确定的义务的强制措施】被执行人与他人恶意串通，通过诉讼、仲裁、调解等方式逃避履行法律文书确定的义务的，人民法院应当根据情节轻重予以罚款、拘留；构成犯罪的，依法追究刑事责任。

第一百一十四条 【对拒不履行协助义务的单位的强制措施】有义务协助调查、执行的单位有下列行为之一的，人民法院除责令其履行协助义务外，并可以予以罚款：

(一) 有关单位拒绝或者妨碍人民法院调查取证的；

(二) 有关单位接到人民法院协助执行通知书后，拒不协助查询、扣押、冻结、划拨、变价财产的；

（三）有关单位接到人民法院协助执行通知书后，拒不协助扣留被执行人的收入、办理有关财产权证照转移手续、转交有关票证、证照或者其他财产的；

（四）其他拒绝协助执行的。

人民法院对有前款规定的行为之一的单位，可以对其主要负责人或者直接责任人员予以罚款；对仍不履行协助义务的，可以予以拘留；并可以向监察机关或者有关机关提出予以纪律处分的司法建议。

第一百一十五条 【罚款金额和拘留期限】对个人的罚款金额，为人民币十万元以下。对单位的罚款金额，为人民币五万元以上一百万元以下。

拘留的期限，为十五日以下。

被拘留的人，由人民法院交公安机关看管。在拘留期间，被拘留人承认并改正错误的，人民法院可以决定提前解除拘留。

第一百一十六条 【拘传、罚款、拘留的批准】拘传、罚款、拘留必须经院长批准。

拘传应当发拘传票。

罚款、拘留应当用决定书。对决定不服的，可以向上一级人民法院申请复议一次。复议期间不停止执行。

第一百一十七条 【强制措施由法院决定】采取对妨害民事诉讼的强制措施必须由人民法院决定。任何单位和个人采取非法拘禁他人或者非法私自扣押他人财产追索债务的，应当依法追究刑事责任，或者予以拘留、罚款。

第十一章　诉讼费用

第一百一十八条　【诉讼费用】当事人进行民事诉讼，应当按照规定交纳案件受理费。财产案件除交纳案件受理费外，并按照规定交纳其他诉讼费用。

当事人交纳诉讼费用确有困难的，可以按照规定向人民法院申请缓交、减交或者免交。

收取诉讼费用的办法另行制定。

第二编　审判程序

第十二章　第一审普通程序

第一节　起诉和受理

第一百一十九条　【起诉的实质要件】起诉必须符合下列条件：

(一)原告是与本案有直接利害关系的公民、法人和其他组织；

(二)有明确的被告；

(三)有具体的诉讼请求和事实、理由；

(四)属于人民法院受理民事诉讼的范围和受诉人民法院管辖。

第一百二十条　【起诉的形式要件】起诉应当向人民法院递交起诉状，并按照被告人数提出副本。

书写起诉状确有困难的，可以口头起诉，由人民法院记入笔录，并告知对方当事人。

第一百二十一条 【起诉状的内容】起诉状应当记明下列事项：

（一）原告的姓名、性别、年龄、民族、职业、工作单位、住所、联系方式，法人或者其他组织的名称、住所和法定代表人或者主要负责人的姓名、职务、联系方式；

（二）被告的姓名、性别、工作单位、住所等信息，法人或者其他组织的名称、住所等信息；

（三）诉讼请求和所根据的事实与理由；

（四）证据和证据来源，证人姓名和住所。

第一百二十二条 【先行调解】当事人起诉到人民法院的民事纠纷，适宜调解的，先行调解，但当事人拒绝调解的除外。

第一百二十三条 【起诉权和受理程序】人民法院应当保障当事人依照法律规定享有的起诉权利。对符合本法第一百一十九条的起诉，必须受理。符合起诉条件的，应当在七日内立案，并通知当事人；不符合起诉条件的，应当在七日内作出裁定书，不予受理；原告对裁定不服的，可以提起上诉。

第一百二十四条 【对特殊情形的处理】人民法院对下列起诉，分别情形，予以处理：

（一）依照行政诉讼法的规定，属于行政诉讼受案范围的，告知原告提起行政诉讼；

（二）依照法律规定，双方当事人达成书面仲裁协议申请仲裁、不得向人民法院起诉的，告知原告向仲裁机构申请仲裁；

（三）依照法律规定，应当由其他机关处理的争议，告知原告向有关机关申请解决；

（四）对不属于本院管辖的案件，告知原告向有管辖权的人民法院起诉；

（五）对判决、裁定、调解书已经发生法律效力的案件，当事人又起诉的，告知原告申请再审，但人民法院准许撤诉的裁定除外；

（六）依照法律规定，在一定期限内不得起诉的案件，在不得起诉的期限内起诉的，不予受理；

（七）判决不准离婚和调解和好的离婚案件，判决、调解维持收养关系的案件，没有新情况、新理由，原告在六个月内又起诉的，不予受理。

第二节　审理前的准备

第一百二十五条　【送达起诉状和答辩状】人民法院应当在立案之日起五日内将起诉状副本发送被告，被告应当在收到之日起十五日内提出答辩状。答辩状应当记明被告的姓名、性别、年龄、民族、职业、工作单位、住所、联系方式；法人或者其他组织的名称、住所和法定代表人或者主要负责人的姓名、职务、联系方式。人民法院应当在收到答辩状之日起五日内将答辩状副本发送原告。

被告不提出答辩状的，不影响人民法院审理。

第一百二十六条　【诉讼权利义务的告知】人民法院对决定受理的案件，应当在受理案件通知书和应诉通知书中向当事人告知有关的诉讼权利义务，或者口头告知。

第一百二十七条 【对管辖权异议的审查和处理】人民法院受理案件后，当事人对管辖权有异议的，应当在提交答辩状期间提出。人民法院对当事人提出的异议，应当审查。异议成立的，裁定将案件移送有管辖权的人民法院；异议不成立的，裁定驳回。

当事人未提出管辖异议，并应诉答辩的，视为受诉人民法院有管辖权，但违反级别管辖和专属管辖规定的除外。

第一百二十八条 【合议庭组成人员的告知】合议庭组成人员确定后，应当在三日内告知当事人。

第一百二十九条 【审核取证】审判人员必须认真审核诉讼材料，调查收集必要的证据。

第一百三十条 【调查取证的程序】人民法院派出人员进行调查时，应当向被调查人出示证件。

调查笔录经被调查人校阅后，由被调查人、调查人签名或者盖章。

第一百三十一条 【委托调查】人民法院在必要时可以委托外地人民法院调查。

委托调查，必须提出明确的项目和要求。受委托人民法院可以主动补充调查。

受委托人民法院收到委托书后，应当在三十日内完成调查。因故不能完成的，应当在上述期限内函告委托人民法院。

第一百三十二条 【当事人的追加】必须共同进行诉讼的当事人没有参加诉讼的，人民法院应当通知其参加诉讼。

第一百三十三条 【案件受理后的处理】人民法院对受理的案件，分别情形，予以处理：

(一) 当事人没有争议，符合督促程序规定条件的，可以转入督促程序；

(二) 开庭前可以调解的，采取调解方式及时解决纠纷；

(三) 根据案件情况，确定适用简易程序或者普通程序；

(四) 需要开庭审理的，通过要求当事人交换证据等方式，明确争议焦点。

第三节 开庭审理

第一百三十四条 【公开审理及例外】人民法院审理民事案件，除涉及国家秘密、个人隐私或者法律另有规定的以外，应当公开进行。

离婚案件，涉及商业秘密的案件，当事人申请不公开审理的，可以不公开审理。

第一百三十五条 【巡回审理】人民法院审理民事案件，根据需要进行巡回审理，就地办案。

第一百三十六条 【开庭通知与公告】人民法院审理民事案件，应当在开庭三日前通知当事人和其他诉讼参与人。公开审理的，应当公告当事人姓名、案由和开庭的时间、地点。

第一百三十七条 【宣布开庭】开庭审理前，书记员应当查明当事人和其他诉讼参与人是否到庭，宣布法庭纪律。

开庭审理时，由审判长核对当事人，宣布案由，宣布审判人员、书记员名单，告知当事人有关的诉讼权利义务，询问当事人是否提出回避申请。

第一百三十八条 【法庭调查顺序】法庭调查按照下列顺序进行：

（一）当事人陈述；

（二）告知证人的权利义务，证人作证，宣读未到庭的证人证言；

（三）出示书证、物证、视听资料和电子数据；

（四）宣读鉴定意见；

（五）宣读勘验笔录。

第一百三十九条 【当事人庭审诉讼权利】当事人在法庭上可以提出新的证据。

当事人经法庭许可，可以向证人、鉴定人、勘验人发问。

当事人要求重新进行调查、鉴定或者勘验的，是否准许，由人民法院决定。

第一百四十条 【合并审理】原告增加诉讼请求，被告提出反诉，第三人提出与本案有关的诉讼请求，可以合并审理。

第一百四十一条 【法庭辩论】法庭辩论按照下列顺序进行：

（一）原告及其诉讼代理人发言；

（二）被告及其诉讼代理人答辩；

（三）第三人及其诉讼代理人发言或者答辩；

（四）互相辩论。

法庭辩论终结，由审判长按照原告、被告、第三人的先后顺序征询各方最后意见。

第一百四十二条 【法庭调解】法庭辩论终结，应当依法作出判决。判决前能够调解的，还可以进行调解，调解不成的，应当及时判决。

第一百四十三条 【原告不到庭和中途退庭的处理】原告经传票传唤，无正当理由拒不到庭的，或者未经法庭许可中途退庭的，可以按撤诉处理；被告反诉的，可以缺席判决。

第一百四十四条 【被告不到庭和中途退庭的处理】被告经传票传唤，无正当理由拒不到庭的，或者未经法庭许可中途退庭的，可以缺席判决。

第一百四十五条 【原告申请撤诉的处理】宣判前，原告申请撤诉的，是否准许，由人民法院裁定。

人民法院裁定不准许撤诉的，原告经传票传唤，无正当理由拒不到庭的，可以缺席判决。

第一百四十六条 【延期审理】有下列情形之一的，可以延期开庭审理：

(一) 必须到庭的当事人和其他诉讼参与人有正当理由没有到庭的；

(二) 当事人临时提出回避申请的；

(三) 需要通知新的证人到庭，调取新的证据，重新鉴定、勘验，或者需要补充调查的；

(四) 其他应当延期的情形。

第一百四十七条 【法庭笔录】书记员应当将法庭审理的全部

活动记入笔录，由审判人员和书记员签名。

法庭笔录应当当庭宣读，也可以告知当事人和其他诉讼参与人当庭或者在五日内阅读。当事人和其他诉讼参与人认为对自己的陈述记录有遗漏或者差错的，有权申请补正。如果不予补正，应当将申请记录在案。

法庭笔录由当事人和其他诉讼参与人签名或者盖章。拒绝签名盖章的，记明情况附卷。

第一百四十八条 【宣告判决】人民法院对公开审理或者不公开审理的案件，一律公开宣告判决。

当庭宣判的，应当在十日内发送判决书；定期宣判的，宣判后立即发给判决书。

宣告判决时，必须告知当事人上诉权利、上诉期限和上诉的法院。

宣告离婚判决，必须告知当事人在判决发生法律效力前不得另行结婚。

第一百四十九条 【一审审限】人民法院适用普通程序审理的案件，应当在立案之日起六个月内审结。有特殊情况需要延长的，由本院院长批准，可以延长六个月；还需要延长的，报请上级人民法院批准。

第四节　诉讼中止和终结

第一百五十条 【诉讼中止】有下列情形之一的，中止诉讼：

(一) 一方当事人死亡，需要等待继承人表明是否参加诉讼的；

(二)一方当事人丧失诉讼行为能力，尚未确定法定代理人的；

(三)作为一方当事人的法人或者其他组织终止，尚未确定权利义务承受人的；

(四)一方当事人因不可抗拒的事由，不能参加诉讼的；

(五)本案必须以另一案的审理结果为依据，而另一案尚未审结的；

(六)其他应当中止诉讼的情形。

中止诉讼的原因消除后，恢复诉讼。

第一百五十一条 【诉讼终结】有下列情形之一的，终结诉讼：

(一)原告死亡，没有继承人，或者继承人放弃诉讼权利的；

(二)被告死亡，没有遗产，也没有应当承担义务的人的；

(三)离婚案件一方当事人死亡的；

(四)追索赡养费、扶养费、抚育费以及解除收养关系案件的一方当事人死亡的。

第五节　判决和裁定

第一百五十二条 【判决书的内容】判决书应当写明判决结果和作出该判决的理由。判决书内容包括：

(一)案由、诉讼请求、争议的事实和理由；

(二)判决认定的事实和理由、适用的法律和理由；

(三)判决结果和诉讼费用的负担；

(四)上诉期间和上诉的法院。

判决书由审判人员、书记员署名，加盖人民法院印章。

第一百五十三条 【先行判决】人民法院审理案件，其中一部分事实已经清楚，可以就该部分先行判决。

第一百五十四条 【裁定】裁定适用于下列范围：

（一）不予受理；

（二）对管辖权有异议的；

（三）驳回起诉；

（四）保全和先予执行；

（五）准许或者不准许撤诉；

（六）中止或者终结诉讼；

（七）补正判决书中的笔误；

（八）中止或者终结执行；

（九）撤销或者不予执行仲裁裁决；

（十）不予执行公证机关赋予强制执行效力的债权文书；

（十一）其他需要裁定解决的事项。

对前款第一项至第三项裁定，可以上诉。

裁定书应当写明裁定结果和作出该裁定的理由。裁定书由审判人员、书记员署名，加盖人民法院印章。口头裁定的，记入笔录。

第一百五十五条 【一审裁判的生效】最高人民法院的判决、裁定，以及依法不准上诉或者超过上诉期没有上诉的判决、裁定，是发生法律效力的判决、裁定。

第一百五十六条 【判决、裁定的公开】公众可以查阅发生法律效力的判决书、裁定书，但涉及国家秘密、商业秘密和个人隐私的内容除外。

第十三章　简易程序

第一百五十七条　【简易程序的适用范围】基层人民法院和它派出的法庭审理事实清楚、权利义务关系明确、争议不大的简单的民事案件，适用本章规定。

基层人民法院和它派出的法庭审理前款规定以外的民事案件，当事人双方也可以约定适用简易程序。

第一百五十八条　【简易程序的起诉方式和受理程序】对简单的民事案件，原告可以口头起诉。

当事人双方可以同时到基层人民法院或者它派出的法庭，请求解决纠纷。基层人民法院或者它派出的法庭可以当即审理，也可以另定日期审理。

第一百五十九条　【简易程序的传唤方式】基层人民法院和它派出的法庭审理简单的民事案件，可以用简便方式传唤当事人和证人、送达诉讼文书、审理案件，但应当保障当事人陈述意见的权利。

第一百六十条　【简易程序的独任审理】简单的民事案件由审判员一人独任审理，并不受本法第一百三十六条、第一百三十八条、第一百四十一条规定的限制。

第一百六十一条　【简易程序的审限】人民法院适用简易程序审理案件，应当在立案之日起三个月内审结。

第一百六十二条 【简易程序一审终审的适用条件】基层人民法院和它派出的法庭审理符合本法第一百五十七条第一款规定的简单的民事案件，标的额为各省、自治区、直辖市上年度就业人员年平均工资百分之三十以下的，实行一审终审。

第一百六十三条 【简易程序转为普通程序】人民法院在审理过程中，发现案件不宜适用简易程序的，裁定转为普通程序。

第十四章 第二审程序

第一百六十四条 【上诉权】当事人不服地方人民法院第一审判决的，有权在判决书送达之日起十五日内向上一级人民法院提起上诉。

当事人不服地方人民法院第一审裁定的，有权在裁定书送达之日起十日内向上一级人民法院提起上诉。

第一百六十五条 【上诉状的内容】上诉应当递交上诉状。上诉状的内容，应当包括当事人的姓名，法人的名称及其法定代表人的姓名或者其他组织的名称及其主要负责人的姓名；原审人民法院名称、案件的编号和案由；上诉的请求和理由。

第一百六十六条 【上诉的提起】上诉状应当通过原审人民法院提出，并按照对方当事人或者代表人的人数提出副本。

当事人直接向第二审人民法院上诉的，第二审人民法院应当在五日内将上诉状移交原审人民法院。

第一百六十七条 【上诉的受理】原审人民法院收到上诉状，应当在五日内将上诉状副本送达对方当事人，对方当事人在收到之日起十五日内提出答辩状。人民法院应当在收到答辩状之日起五日内将副本送达上诉人。对方当事人不提出答辩状的，不影响人民法院审理。

原审人民法院收到上诉状、答辩状，应当在五日内连同全部案卷和证据，报送第二审人民法院。

第一百六十八条 【二审的审理范围】第二审人民法院应当对上诉请求的有关事实和适用法律进行审查。

第一百六十九条 【二审的审理方式和地点】第二审人民法院对上诉案件，应当组成合议庭，开庭审理。经过阅卷、调查和询问当事人，对没有提出新的事实、证据或者理由，合议庭认为不需要开庭审理的，可以不开庭审理。

第二审人民法院审理上诉案件，可以在本院进行，也可以到案件发生地或者原审人民法院所在地进行。

第一百七十条 【二审裁判】第二审人民法院对上诉案件，经过审理，按照下列情形，分别处理：

（一）原判决、裁定认定事实清楚，适用法律正确的，以判决、裁定方式驳回上诉，维持原判决、裁定；

（二）原判决、裁定认定事实错误或者适用法律错误的，以判决、裁定方式依法改判、撤销或者变更；

（三）原判决认定基本事实不清的，裁定撤销原判决，发回原审人民法院重审，或者查清事实后改判；

（四）原判决遗漏当事人或者违法缺席判决等严重违反法定程序的，裁定撤销原判决，发回原审人民法院重审。

原审人民法院对发回重审的案件作出判决后，当事人提起上诉的，第二审人民法院不得再次发回重审。

第一百七十一条 【对一审适用裁定的上诉案件的处理】第二审人民法院对不服第一审人民法院裁定的上诉案件的处理，一律使用裁定。

第一百七十二条 【上诉案件的调解】第二审人民法院审理上诉案件，可以进行调解。调解达成协议，应当制作调解书，由审判人员、书记员署名，加盖人民法院印章。调解书送达后，原审人民法院的判决即视为撤销。

第一百七十三条 【上诉的撤回】第二审人民法院判决宣告前，上诉人申请撤回上诉的，是否准许，由第二审人民法院裁定。

第一百七十四条 【二审适用的程序】第二审人民法院审理上诉案件，除依照本章规定外，适用第一审普通程序。

第一百七十五条 【二审裁判的效力】第二审人民法院的判决、裁定，是终审的判决、裁定。

第一百七十六条 【二审审限】人民法院审理对判决的上诉案件，应当在第二审立案之日起三个月内审结。有特殊情况需要延长的，由本院院长批准。

人民法院审理对裁定的上诉案件，应当在第二审立案之日起三十日内作出终审裁定。

第十五章 特别程序

第一节 一般规定

第一百七十七条 【特别程序的适用范围】人民法院审理选民资格案件、宣告失踪或者宣告死亡案件、认定公民无民事行为能力或者限制民事行为能力案件、认定财产无主案件、确认调解协议案件和实现担保物权案件，适用本章规定。本章没有规定的，适用本法和其他法律的有关规定。

第一百七十八条 【一审终审与独任审理】依照本章程序审理的案件，实行一审终审。选民资格案件或者重大、疑难的案件，由审判员组成合议庭审理；其他案件由审判员一人独任审理。

第一百七十九条 【特别程序的转换】人民法院在依照本章程序审理案件的过程中，发现本案属于民事权益争议的，应当裁定终结特别程序，并告知利害关系人可以另行起诉。

第一百八十条 【特别程序的审限】人民法院适用特别程序审理的案件，应当在立案之日起三十日内或者公告期满后三十日内审结。有特殊情况需要延长的，由本院院长批准。但审理选民资格的案件除外。

第二节 选民资格案件

第一百八十一条 【起诉与管辖】公民不服选举委员会对选民资格的申诉所作的处理决定，可以在选举日的五日以前向选区所在地基层人民法院起诉。

第一百八十二条 【审理、审限及判决】人民法院受理选民资格案件后，必须在选举日前审结。

审理时，起诉人、选举委员会的代表和有关公民必须参加。

人民法院的判决书，应当在选举日前送达选举委员会和起诉人，并通知有关公民。

第三节 宣告失踪、宣告死亡案件

第一百八十三条 【宣告失踪案件的提起】公民下落不明满二年，利害关系人申请宣告其失踪的，向下落不明人住所地基层人民法院提出。

申请书应当写明失踪的事实、时间和请求，并附有公安机关或者其他有关机关关于该公民下落不明的书面证明。

第一百八十四条 【宣告死亡案件的提起】公民下落不明满四年，或者因意外事故下落不明满二年，或者因意外事故下落不明，经有关机关证明该公民不可能生存，利害关系人申请宣告其死亡的，向下落不明人住所地基层人民法院提出。

申请书应当写明下落不明的事实、时间和请求，并附有公安机关或者其他有关机关关于该公民下落不明的书面证明。

第一百八十五条 【公告与判决】人民法院受理宣告失踪、宣告死亡案件后，应当发出寻找下落不明人的公告。宣告失踪的公告期间为三个月，宣告死亡的公告期间为一年。因意外事故下落不明，经有关机关证明该公民不可能生存的，宣告死亡的公告期间为三个月。

公告期间届满，人民法院应当根据被宣告失踪、宣告死亡的事实是否得到确认，作出宣告失踪、宣告死亡的判决或者驳回申请的判决。

第一百八十六条 【判决的撤销】被宣告失踪、宣告死亡的公民重新出现，经本人或者利害关系人申请，人民法院应当作出新判决，撤销原判决。

第四节 认定公民无民事行为能力、限制民事行为能力案件

第一百八十七条 【认定公民无民事行为能力、限制民事行为能力案件的提起】申请认定公民无民事行为能力或者限制民事行为能力，由其近亲属或者其他利害关系人向该公民住所地基层人民法院提出。

申请书应当写明该公民无民事行为能力或者限制民事行为能力的事实和根据。

第一百八十八条 【民事行为能力鉴定】人民法院受理申请后，必要时应当对被请求认定为无民事行为能力或者限制民事行为能力的公民进行鉴定。申请人已提供鉴定意见的，应当对鉴定意见进行审查。

第一百八十九条 【审理及判决】人民法院审理认定公民无民事行为能力或者限制民事行为能力的案件，应当由该公民的近亲属为代理人，但申请人除外。近亲属互相推诿的，由人民法院指

定其中一人为代理人。该公民健康情况许可的，还应当询问本人的意见。

人民法院经审理认定申请有事实根据的，判决该公民为无民事行为能力或者限制民事行为能力人；认定申请没有事实根据的，应当判决予以驳回。

第一百九十条 【判决的撤销】人民法院根据被认定为无民事行为能力人、限制民事行为能力人或者他的监护人的申请，证实该公民无民事行为能力或者限制民事行为能力的原因已经消除的，应当作出新判决，撤销原判决。

第五节 认定财产无主案件

第一百九十一条 【财产无主案件的提起】申请认定财产无主，由公民、法人或者其他组织向财产所在地基层人民法院提出。

申请书应当写明财产的种类、数量以及要求认定财产无主的根据。

第一百九十二条 【公告及判决】人民法院受理申请后，经审查核实，应当发出财产认领公告。公告满一年无人认领的，判决认定财产无主，收归国家或者集体所有。

第一百九十三条 【判决的撤销】判决认定财产无主后，原财产所有人或者继承人出现，在民法通则规定的诉讼时效期间可以对财产提出请求，人民法院审查属实后，应当作出新判决，撤销原判决。

第六节　确认调解协议案件

第一百九十四条 【确认调解协议案件的提起】申请司法确认调解协议，由双方当事人依照人民调解法等法律，自调解协议生效之日起三十日内，共同向调解组织所在地基层人民法院提出。

第一百九十五条 【审查及裁定】人民法院受理申请后，经审查，符合法律规定的，裁定调解协议有效，一方当事人拒绝履行或者未全部履行的，对方当事人可以向人民法院申请执行；不符合法律规定的，裁定驳回申请，当事人可以通过调解方式变更原调解协议或者达成新的调解协议，也可以向人民法院提起诉讼。

第七节　实现担保物权案件

第一百九十六条 【实现担保物权案件的提起】申请实现担保物权，由担保物权人以及其他有权请求实现担保物权的人依照物权法等法律，向担保财产所在地或者担保物权登记地基层人民法院提出。

第一百九十七条 【审查及裁定】人民法院受理申请后，经审查，符合法律规定的，裁定拍卖、变卖担保财产，当事人依据该裁定可以向人民法院申请执行；不符合法律规定的，裁定驳回申请，当事人可以向人民法院提起诉讼。

第十六章　审判监督程序

第一百九十八条 【人民法院决定再审】各级人民法院院长对

本院已经发生法律效力的判决、裁定、调解书，发现确有错误，认为需要再审的，应当提交审判委员会讨论决定。

最高人民法院对地方各级人民法院已经发生法律效力的判决、裁定、调解书，上级人民法院对下级人民法院已经发生法律效力的判决、裁定、调解书，发现确有错误的，有权提审或者指令下级人民法院再审。

第一百九十九条　【当事人申请再审】当事人对已经发生法律效力的判决、裁定，认为有错误的，可以向上一级人民法院申请再审；当事人一方人数众多或者当事人双方为公民的案件，也可以向原审人民法院申请再审。当事人申请再审的，不停止判决、裁定的执行。

第二百条　【再审事由】当事人的申请符合下列情形之一的，人民法院应当再审：

（一）有新的证据，足以推翻原判决、裁定的；

（二）原判决、裁定认定的基本事实缺乏证据证明的；

（三）原判决、裁定认定事实的主要证据是伪造的；

（四）原判决、裁定认定事实的主要证据未经质证的；

（五）对审理案件需要的主要证据，当事人因客观原因不能自行收集，书面申请人民法院调查收集，人民法院未调查收集的；

（六）原判决、裁定适用法律确有错误的；

（七）审判组织的组成不合法或者依法应当回避的审判人员没有回避的；

（八）无诉讼行为能力人未经法定代理人代为诉讼或者应当参

加诉讼的当事人，因不能归责于本人或者其诉讼代理人的事由，未参加诉讼的；

(九)违反法律规定，剥夺当事人辩论权利的；

(十)未经传票传唤，缺席判决的；

(十一)原判决、裁定遗漏或者超出诉讼请求的；

(十二)据以作出原判决、裁定的法律文书被撤销或者变更的；

(十三)审判人员审理该案件时有贪污受贿，徇私舞弊，枉法裁判行为的。

第二百零一条 【调解书的再审】当事人对已经发生法律效力的调解书，提出证据证明调解违反自愿原则或者调解协议的内容违反法律的，可以申请再审。经人民法院审查属实的，应当再审。

第二百零二条 【不得申请再审的案件】当事人对已经发生法律效力的解除婚姻关系的判决、调解书，不得申请再审。

第二百零三条 【再审申请以及审查】当事人申请再审的，应当提交再审申请书等材料。人民法院应当自收到再审申请书之日起五日内将再审申请书副本发送对方当事人。对方当事人应当自收到再审申请书副本之日起十五日内提交书面意见；不提交书面意见的，不影响人民法院审查。人民法院可以要求申请人和对方当事人补充有关材料，询问有关事项。

第二百零四条 【再审申请的审查期限以及再审案件管辖法院】人民法院应当自收到再审申请书之日起三个月内审查，符合本法规定的，裁定再审；不符合本法规定的，裁定驳回申请。有特殊情况需要延长的，由本院院长批准。

因当事人申请裁定再审的案件由中级人民法院以上的人民法院审理，但当事人依照本法第一百九十九条的规定选择向基层人民法院申请再审的除外。最高人民法院、高级人民法院裁定再审的案件，由本院再审或者交其他人民法院再审，也可以交原审人民法院再审。

第二百零五条 【当事人申请再审的期限】当事人申请再审，应当在判决、裁定发生法律效力后六个月内提出；有本法第二百条第一项、第三项、第十二项、第十三项规定情形的，自知道或者应当知道之日起六个月内提出。

第二百零六条 【中止原判决的执行及例外】按照审判监督程序决定再审的案件，裁定中止原判决、裁定、调解书的执行，但追索赡养费、扶养费、抚育费、抚恤金、医疗费用、劳动报酬等案件，可以不中止执行。

第二百零七条 【再审案件的审理程序】人民法院按照审判监督程序再审的案件，发生法律效力的判决、裁定是由第一审法院作出的，按照第一审程序审理，所作的判决、裁定，当事人可以上诉；发生法律效力的判决、裁定是由第二审法院作出的，按照第二审程序审理，所作的判决、裁定，是发生法律效力的判决、裁定；上级人民法院按照审判监督程序提审的，按照第二审程序审理，所作的判决、裁定是发生法律效力的判决、裁定。

人民法院审理再审案件，应当另行组成合议庭。

第二百零八条 【人民检察院提起抗诉】最高人民检察院对各级人民法院已经发生法律效力的判决、裁定，上级人民检察院对下级人民法院已经发生法律效力的判决、裁定，发现有本法第二百条规定情形之一的，或者发现调解书损害国家利益、社会公共利益的，应当提出抗诉。

地方各级人民检察院对同级人民法院已经发生法律效力的判决、裁定，发现有本法第二百条规定情形之一的，或者发现调解书损害国家利益、社会公共利益的，可以向同级人民法院提出检察建议，并报上级人民检察院备案；也可以提请上级人民检察院向同级人民法院提出抗诉。

各级人民检察院对审判监督程序以外的其他审判程序中审判人员的违法行为，有权向同级人民法院提出检察建议。

第二百零九条 【当事人申请再审检察建议及抗诉的条件】有下列情形之一的，当事人可以向人民检察院申请检察建议或者抗诉：

(一) 人民法院驳回再审申请的；

(二) 人民法院逾期未对再审申请作出裁定的；

(三) 再审判决、裁定有明显错误的。

人民检察院对当事人的申请应当在三个月内进行审查，作出提出或者不予提出检察建议或者抗诉的决定。当事人不得再次向人民检察院申请检察建议或者抗诉。

第二百一十条 【抗诉案件的调查】人民检察院因履行法律监督职责提出检察建议或者抗诉的需要，可以向当事人或者案外人调查核实有关情况。

第二百一十一条 【抗诉案件裁定再审的期限及审理法院】人

民检察院提出抗诉的案件，接受抗诉的人民法院应当自收到抗诉书之日起三十日内作出再审的裁定；有本法第二百条第一项至第五项规定情形之一的，可以交下一级人民法院再审，但经该下一级人民法院再审的除外。

第二百一十二条 【抗诉书】人民检察院决定对人民法院的判决、裁定、调解书提出抗诉的，应当制作抗诉书。

第二百一十三条 【人民检察院派员出庭】人民检察院提出抗诉的案件，人民法院再审时，应当通知人民检察院派员出席法庭。

……